追梦人，世界都会为你让路

李绘娟 编著

中国商业出版社

图书在版编目（CIP）数据

追梦人，世界都会为你让路/李绘娟编著．--北京：中国商业出版社，2020.9

ISBN 978-7-5208-1203-0

Ⅰ．①追…　Ⅱ．①李…　Ⅲ．①成功心理—通俗读物　Ⅳ．① B848.4-49

中国版本图书馆 CIP 数据核字（2020）第 132424 号

责任编辑：侯静　杜辉

中国商业出版社出版发行

010-63180647　www.c-cbook.com

（100053 北京广安门内报国寺 1 号）

新华书店经销

天津丰富彩艺印刷有限公司印刷

*

880 毫米 ×1230 毫米　32 开　6.75 印张　195 千字

2020 年 9 月第 1 版　2020 年 9 月第 1 次印刷

定价：58.00 元

****

（如有印装质量问题可更换）

序 言

有一位哲人说:世界上一切的成功、一切的财富,其实都始于一个意念,那就是我们的梦想。

人一旦失去了梦想,就等于人生失去了明确的方向,就像航船迷失在大海之中,找不到前进的路一样。

有一个人人尽知的故事,是关于记者采访放羊娃的。放羊娃之所以被嘲笑,就是因为他被人生环境局限住了,于是自甘平庸,无所追求,碌碌无为。简单说,因为他没有梦想。当然,放羊娃还是一个孩子,我们是没有必要嘲笑他的,只是拿这个故事来说事而已。

有一句话说:"一个人如果没有梦想,那跟咸鱼有什么区别?"其实,卓越的人生就是梦想的产物。梦想越远大,人生就越丰富,达到的成就就越卓越。

但是也有一句话说:"成功路上并不拥挤,因为坚持的人不多。"之所以有很多人都不能实现自己的梦想,不是太困难,而是他们太轻易地就放弃了。所以,你要先有一个梦想,然后努力经营自己的梦想,不管别人的眼光和看法,永不放弃。

有人曾问马云:你如何定义成功?马云的回答可谓别开生面,他说:我不知道什么叫成功,但是我知道如何定义失败,放弃了就是失败；如果你有梦想，并且永不放弃，就有成功的可能。

据说，当人一旦知道他想要什么并且坚持去做，那么整个世界都会为他让路。

我从小就是一个倔强的人，不甘心这一生没能做一件我愿为其倾尽所有智慧和努力的事，那将是何等的遗憾：既对不起来世上走这一遭，也对不起为了找到它，这一路走来遭遇的挫折和坎坷。所以，我愿意做一个坚强而又勇敢的人。不因为生活而改变自己，而是一直坚持改变生活。

那么，靠什么来改变生活呢？其实不论做人做事，都应该首先确立向上向善的价值观，因为价值观必然决定着人生的成败。简单说，就是"做正确的事，把事情做正确"。如果一个人总能选择做正确的事情，并且能把事情做正确，自然会立于不败之地。

要做出公正的、准确的判断，关键是有一双纯净的、不带偏见的眼睛，不被细枝末节所蒙蔽，直奔问题的根源。根源就是这件事怎么做才符合社会的道义规范，符合人类的良知。只有始终坚持选择做正确的事情，始终坚持把事情做正确，最终才能实现正道成功。

我们知道，人在一生之中一定会经过各种各样的难关，但是最难过的还是战胜自己的这一关。仔细想想，所谓千辛万苦、千难万险，不都是在过战胜自己的这一关吗？

人的一生，总是在适应自然环境、社会环境、家庭环境，也在努力克服困难。因此有人形容人生如战场，勇者胜而懦者败；从生到死的生命过程中，所遭遇的许多人、事、物，都是战斗的对象。如果一个人的心念不受自己指挥，那么心念就会成为最顽强的敌人。拿破仑在全盛时期统治了几乎大半个欧洲，战败后却被囚禁在一座小岛上，相当痛苦烦闷，难以排遣。他说："我可以战胜无数的敌人，却无法战胜自己的心。"可见，能够战胜自己的心，才是最懂得战争的战将。

如今，人们经常谈论"气场"的概念。实际上，气场就是一个人内在能量的体现。越是能战胜自己的心，越是具备高能量的人，越是能够吸引到自己所需要的人脉，获得物质与精神的富足。

在我的理解当中，真正的富足，应该就是从富到贵，再从贵到雅的一个循序渐进的过程。生命的乐趣在于精神的满足和幸福，只有当我们理解了世界的本来面目，还依然热爱这个世界时，生命才开始变得更有意义。世间万物，每天都在变换，每天都有新的机遇和挑战，我们唯一要做的就是时刻准备以最好的状态，来迎接下一秒的惊喜。

也就是说，真正的成功不仅仅是获得丰厚的物质财富，还必须拥有丰富的精神财富，也就是拥有优秀的品格。

时间会沉淀真正的富有，物质富裕获得的是日子的踏实感，地位的上流获得的是人生的荣誉感，而丰盈的内心获得的却是灵魂的归属感。

个人认为，同时获得踏实感、荣誉感和归属感的人生，才算得上是圆满的人生。

您同意吗？

李绘娟

2019年9月8日

目 录

第一章
制约我们的不是环境,而是态度
要有改变命运的强烈欲望 / 3
不想随波逐流,那就自己掌控方向 / 7
关键在于思维方式 / 13
再大的烙饼也大不过烙它的锅 / 15
跳出惯性思维的框框 / 21
成功并不依赖于某种我们不具备的东西 / 24

第二章
人生选择大于努力
爱拼并不一定会赢 / 29
选择不对,努力白费 / 33
连危机当中都有机会 / 35
低端无路走,那就走高端 / 38
改变命运的不是知识,而是见识 / 42
磨刀不误砍柴工 / 45

第三章

热爱可以跨越一切障碍

你可以成为你想成为的任何一种人 / 51

解决困难就是在提升智慧 / 57

不能让自己受的苦白受 / 61

行动是治疗痛苦的良药 / 66

有路才能逃，没有退路只能前行 / 69

洞悉人性弱点，发扬自身优点 / 73

第四章

改变心态，进而改变命运

一切都可以是最好的安排 / 79

同样的事情，不同的定义 / 83

可以没文凭，不可以没文化 / 86

努力把自己变成最好的模样 / 89

你不要只是看起来很努力 / 94

成功的人生是设计出来的 / 99

第五章

成长比成功更重要

不求一夜暴富，只求全方位成长 / 105

超越自我才会成大事 / 109

不要只跟唐僧比结果，而不比经过 / 112

你的潜力远远超过你的想象 / 117
播种和收获不在一个季节 / 119
只管播种善因，迟早收获善果 / 122

第六章
事业如人生，都需要开窍

麦当劳其实是做房产的 / 127
以胡萝卜做诱饵是钓不上来鱼的 / 129
你怎么对待自己，世界就怎么对待你 / 133
十年挖一口井，强于一年挖十个坑 / 135
商业的本质是通过利他而利己 / 137
宽阔的胸怀都是委屈撑大的 / 141

第七章
打造家和事业的港湾

爱出者爱返，福往者福来 / 147
不会游泳，总换游泳池也没用 / 150
没有比帮助别人成功更有意义的事情 / 152
付出多少，价值多少 / 157
打开内外兼修的任督二脉 / 159
确立向上向善的人生追求 / 162

第八章
有能量自然可以吸引人
人与人的本质差别在格局上 / 169
你也可以做 80/20 法则中的 20 / 170
有梦想才会吸引人 / 174
你生命中的一切都是你自己吸引来的 / 176
能量有多强大,命运就有多顺利 / 178
成功吸引成功 / 182

第九章
先学会驾驭成功而非被成功所驾驭
成功需要很强的自律能力 / 187
人生最难是战胜自己 / 190
先学会驾驭自己的情绪 / 193
驾驭自己才能驾驭别人 / 198
要拥有财富,先学会驾驭财富 / 204

第一章

制约我们的不是环境,而是态度

大家都相信，环境会影响人，环境也会造就人，因而很多人都断言什么样的环境造就什么样的人。像"近朱者赤，近墨者黑"，就是众人皆知的道理；再如"蓬生麻中，不扶自直；白沙在涅，与之俱黑"的名言警句，不少人也是耳熟能详。甚至有人更直截了当地说，人是环境的产物。

其实，环境不仅会改造人，恶劣的环境更会激起人改造命运的强烈欲望。比如有的人生在小街陋巷，生活在粗粝艰辛的境遇之中，小小年纪就体验到冷漠和残酷，但是却不甘贫困，勇敢地从恶劣的环境中挣脱出来，最后成为出类拔萃的人。

尽管我并不出类拔萃，但我也是自小就有着从恶劣的环境中挣脱出来的强烈愿望。这样看来，制约我们的实质上并不一定是环境，而很可能是我们自己的态度。就像我吧，虽然处于那样不如意的环境中，但还是通过自身努力摆脱了困境。

第一章 制约我们的不是环境，而是态度

要有改变命运的强烈欲望

尽管每个人对于"赤贫"的定义各不相同，但是根据个人的感觉，我小时候的家境，大约就是接近赤贫的状态。所以给我内心留下的烙印也很深，我想极力摆脱和改变环境的决心可能正源于此吧。

1974年，我出生在河南郑州巩义市的一个小山村，一个非常贫穷的小山村。我父母一共生了五个孩子，四女一男，先有了四个女孩，第五个才是男孩。为什么生五个？因为我们的家乡重男轻女的观念特别严重。

父亲总想要一个男孩，可是一直不能如愿。正当一家人愁眉不展的时候，第五个就来了我的小弟弟。当小弟弟呱呱坠地后，我父亲激动地说："老天爷呀，你终于来了！"从此之后，我们全家人都成了不起眼的小星星，小弟弟则成了众星捧的月亮。有一个说法是：穷家养娇子。小弟弟从小就被全家人宠着惯着，尤其是父母，家里不管有什么活儿都不让他干。

从我记事那一刻起，我就知道我的父母是全村最勤劳的农民，他们从年初到年尾都在为解决全家的温饱问题而奔波劳作。我父亲是一个木匠，经常在外面给人家做木工活，这也是养家糊口的重要经济来源。因为木匠活难找，赚钱也不多，后来父亲就开始做生意，贩卖土豆和西瓜，再后来是贩卖羊皮。所以，我从小就对做生意很熟悉。我的母亲能干而又勤劳，我们小时候的吃穿都靠她的两只手。为了几个孩子出去不丢人，母亲不仅把我们的衣服缝补好，还总把衣服洗得干干净净的。可能是劳累过度，母亲只活到 43 岁就永远离开了我们。

我们家原本就不富裕，生了一帮孩子就更加重了经济负担，所以一直处于穷困潦倒的状态。穷到什么程度呢？每当我们出去玩的时候，母亲总是叮嘱我们不允许看别人孩子吃东西，因为怕勾起我们的馋虫又没办法满足我们。如果哪个孩子看别人吃东西了，回来后母亲就打他，所以看别人吃东西就成了我们挨打的一个原因。

因为家里穷，我四妹妹刚出生就被送人了。对方家庭条件也不好，没过三个月，四妹妹又被送了回来。也因为家里边的女孩子多，所以四妹妹一直不招人待见。

四妹妹长到三岁，隔壁邻居婶婶抱着她去村里开大会，分家另过的奶奶都不认识她，还问邻居婶婶："你抱的是谁家的孩子？"

邻居婶婶说："这是你家的亲孙女儿！"

情景很有戏剧性，也表明我们家那时候的地位低微。

记得那个时候，家里生活非常拮据，隔壁村子的外公外婆经常半夜来给我们送米、面等吃的。白天还不敢送，因为怕别人看笑话。

有道是，穷人的孩子早当家。其实，不早当家也得早干活。我是家中长女，家里吃水都靠我和大妹妹来挑。我和大妹妹年龄小个子矮，一次只能挑半桶水，实在挑不动，就两个人一起抬水。两个孩子磕磕绊绊，需要好长时间才能把水弄到家。

我的父母非常重视孩子的教育,每天吃饭的时候都会要求我们:"你们要好好读书,将来才有可能出人头地。只要你们读书,我们当父母的再苦再累,也会供你们上学。"

可遗憾的是,当时的我认为读书是一件非常痛苦的事。我个子小,在学校经常被人欺负,回到家里也不敢告诉母亲,因为一说就要挨打,她从来不会给我撑腰的。而且因为家里没钱,每次交学费都拖很长时间,所以我一去学校就感觉很自卑,也产生了自闭的心理。

每逢过年过节,母亲是最辛苦的。因为我们当地过年过节都会包饺子庆贺,而包饺子是母亲的任务。

我们作为孩子当然是最愿意过年过节的,因为只有过年过节才能穿上好衣服,吃上好饭菜。母亲从上午开始做饺子馅儿,将近中午才开始包饺子,包完再煮,煮好开吃,一直要吃到下午3点钟才算结束这一顿大餐。由于家里孩子多,每煮一锅饺子,一个人只能盛半碗儿。也因为平时吃不到这么好吃的饺子,过年过节每个孩子都会吃得很多。等到下午3点钟父亲母亲开始吃的时候,孩子们又饿了,又要接着吃,所以在我家过年过节吃一顿饺子需要一天的时间。至于父亲母亲能不能吃饱,我们就不得而知了。

从这件小事也能看出,我们家那个时候的日子是多么艰难,孩子们为什么那么盼星星盼月亮地等着过年过节了。

有一年过年,我自告奋勇要替母亲做饭。那时刚刚流行火锅,我就向母亲询问火锅怎么做,母亲告诉我说:"火锅就是把所有的菜和调料都放进去,就可以了。"我真的把所有的菜、调料、肉都放进了锅里,并且把父亲买回来的两大块山楂糕也放了进去。因为山楂糕特别酸，结果造成一锅菜特别难吃。当父亲拿起碗，盛上一碗菜去吃的时候，发现已经难吃得不能吃了。就是在这个大年初一，父亲拍着桌子把我大骂一通。我被骂哭了，哭得稀里哗啦。

当时我就在想："我要是早一点下学，做一个生意人就好了。"因为做生意可以赚钱，就不用在生活上捉襟见肘了。也因为我们家几代都是穷人，所以我一直想改变这种状况，而且这种欲望越来越强烈。

后来，我读到过一个故事，知道了强烈的欲望可以改变命运的道理。

有一位年轻人，想向著名的苏格拉底求得真知。

有一次，苏格拉底将这个年轻人带到小河边，然后只听扑通一声，苏格拉底跳进河里去了。

年轻人一脸困惑：难道大师是要教我学游泳吗？

看到苏格拉底在向自己招手，年轻人想也没想就跟着跳进了河里。

没想到，他刚一跳下来，苏格拉底便立马将他的脑袋摁进了水里。

年轻人拼命挣扎，刚一挣脱出水面，苏格拉底又用力将他的脑袋摁进了水里。

年轻人拼命扑腾，奋力挣出水面，还没等喘上一口气，又被苏格拉底用力将他的脑袋摁进了水里……

年轻人本能地倾尽全力再次拼命挣扎出来，然后拼命地往岸上跑，等爬上了岸，他指着还在水里的苏格拉底说："大，大师，你到底想干什么？"

没想到苏格拉底理都没理他，爬上岸像没事人一样就走了。

年轻人追上苏格拉底，特别虔诚地请教说："大师，恕我愚昧，您能否对刚才的一切，为我指点一二？"

这时，苏格拉底似乎觉得孺子可教，于是站定下来，对他讲了一句著名的话："年轻人，如果你想向我学知识的话，你就必须有强烈的求知欲望，就像你有强烈的求生欲望一样。"

其实，不甘平庸、改变命运也是如此。当你有了强烈的改变命运的欲望之时，你会发现自己忽然变得强大了。

现在想想，我这样一个没念过几天书的人能够走到今天，甚至可以使自己的人生命运彻底翻盘，靠的是什么呢？在最早期，靠的就是要改变命运的强烈欲望。

不想随波逐流，那就自己掌控方向

因为家里穷，我小时候特别喜欢过年。因为过年才可以吃到最好吃的东西，才可以穿上新衣服。像我这个年纪或者比我年纪大的人，大多都经历过物质匮乏的年代，对于那个年代都有一种刻骨铭心的记忆，每每说起来都会感慨万千。

记得我读小学五年级时，红颜色的大围巾特别时兴。只要围在女孩子的脖子上，整个人立马就不一样了，无论你穿上什么样的衣服都会很漂亮。因为向母亲要一件新衣服实在是太难了，我就请求母亲："今年我不要衣服，只要给我买一条红颜色的大围巾，就好了！"

结果我等了整整一个冬天。我姨去洛阳批发市场的时候，我母亲让她帮我代买红颜色的大围巾。当我姨终于把围巾带回来的时候，我别提有多高兴了！结果打开包一看，不是我要的大红色长围巾，而是一条轻粉色的围巾。不仅颜色不对，而且还非常短，根本没办法遮盖衣服。当时的我，心里别提有多失望了。那时候，我就开始琢磨自己赚钱的事情了。我最希望的，就是早一点离开学校去赚钱，然后买到包括红颜色的围巾在内的自己喜欢的所有东西。

现在想起来，我能走出来大概跟我父亲的经历有些关系。父亲虽然是一个木匠，但是因为没有多少活干，也就无法获得足够养家糊口的经济收入。所以，后来父亲开始做生意，贩卖土豆和西瓜。

按理说，凭父亲的头脑做生意应该是一个不错的选择。也许是时运不济，喝口凉水都可能塞牙。记得有一次，父亲拉了一卡车土豆，在大峪沟镇出售。等到把土豆卖完，准备回家的时候，把钱包放在脚后跟处，结果一包钱就都被小偷偷走了，偷得一分不剩。

《封神榜》里有一段姜子牙倒霉透顶的故事。说姜子牙学道40年后，72岁负命下山，娶了68岁的老姑娘马氏。妻子马氏看不起姜子牙只会拿书本，不会赚钱，于是逼着姜子牙去做买卖。姜子牙只好硬着头皮开始做买卖。他先后卖过笊篱，卖过面粉，贩过牛羊，开过饭馆……结果真是应了那句话：姜子牙做买卖，样样赔本。真叫个干啥啥不中，卖啥啥亏本。

单说姜子牙开始卖面粉的时候，一天，姜子牙磨好了一担面粉，挑到朝歌城去卖。但四个城门走遍了，他一斤都没有卖出去。最后，好不容易来了一个买面粉的老太太，但她只要一文钱的面，说是要打糨糊用。姜子牙觉得好气又好笑,但也只好放下担子,给她称面。想不到,就在这个时候,突然冲过来一匹受惊的马,将他的箩踢翻了,白面撒了一地,姜子牙正准备把撒得满地的面拢起来,这时碰巧刮来一阵狂风,将面粉吹了个一干二净……

空有满腹雄才大略,却屡遭命运的捉弄,姜子牙忍不住仰天长叹一声:"天啊天啊!这是天要灭我啊!"正当姜子牙张大嘴巴感叹之时,可巧头顶上飞过来一只乌鸦,正好拉了一泡屎——不偏不倚全部掉进了他张开的嘴里!

姜子牙顿时气急败坏,恼羞成怒地从地上摸起一块石头,准备打这只乌鸦,可没想到石头底下正好藏着一只大蝎子。在他拿起石头的一刹那,蝎子一下子把他的手蛰了!姜子牙疼得大叫,忍着剧痛拿石子朝着乌鸦扔去。可是石子没有打中乌鸦,却打中了树上的一个大马蜂窝,一窝的马蜂立刻全都飞出来直追姜子牙。姜子牙见状转头就跑,情急之下没有看清前面有棵大树,结果一头撞在树上,顿时晕了过去。

姜子牙悲催又倒霉的运气,历史上可能都没谁了。其实,打垮一个常人根本不用这么多倒霉事,哪怕一桩都可能让人精神崩溃。比如我父亲,一次做生意卖的钱被偷,他就承受不住这个打击,觉得没脸见人,在远走他乡半年之后都不给家中任何音讯。

八月中秋要收庄稼了,我们还看不到父亲回来。这时候,外公外婆来到我们家帮忙收庄稼。我母亲哭得眼泪一把鼻涕一把的,父亲不见了,她甚至觉得世间可能已经没这个人了!也是在这个时候,我作为家中长女,只好16岁就辍学回家,帮助母亲养家糊口。当我离开学校不久,父亲又有音讯了,我母亲又大哭了一场。

我辍学后，当即决定做生意，开始是在我们周边集市上卖袜子、被罩。后来因为我是个女孩，特别喜欢穿新衣服，所以就选择了卖衣服，主要是卖各种各样的女孩裙子。因为我特别热爱穿裙子，所以上货眼光还不错，裙子卖得也不错。有一天，我带了18条裙子卖，结果全都卖光了。后来，我经常创下在一天时间里卖光所有衣服的好业绩。甚至引来了集市上好几个长辈，主动跟着我学习如何卖衣服。

这中间我所经历的遭遇实在是太多了，但我并没有后悔我的选择，而且我决心要通过做生意来改变自己的人生命运。我想，事在人为，关键在于自己如何努力与奋斗。

后来，我读到一则NBA巨星迈克尔·乔丹的故事，跟我小时候的想法颇有异曲同工之妙。当然，这有小鱼穿大串的嫌疑，还请大家谅解。

在高中的时候，教练告诉乔丹说："迈克尔·乔丹，你身材不够高，没有超过180公分。所以即使你球打得再好，以后也不可能进入NBA，我们决定不要你这个球员。"

迈克尔·乔丹就跟他教练讲："教练，我不上场打球，可是我愿意帮所有的球员拎行李。当他们下场的时候，我愿意帮他们擦汗。只要你让我在这个球队，跟这些球员一起练球，我就心满意足了。"

教练发现迈克尔·乔丹的上进心的确超过任何人，所以他满足了迈克尔·乔丹的请求。

有一天早上8点钟，篮球场的管理员开始整理球场，发现有一个黑人倒在地上睡觉。

他问道："你叫什么名字？"这个黑人好像很累的样子说："我叫迈克尔·乔丹。实在是太累了！"

迈克尔·乔丹早上练球，中午练球，下午跟着球员一起练球，晚上还要练球，他比任何人都更努力。

后来迈克尔·乔丹的父亲讲，乔丹全家人的身高没有一个人超过 180 公分。

也可能是迈克尔·乔丹想要成功的上进心，让他长到 198 公分，长高了 20 公分。

在这期间，乔丹每天除了练球之外，还要在晚上睡觉前，双脚跳起抓住门框，让身体放松，垂直悬空，双脚离地，就这样全身放松地悬挂 30 分钟到 1 个小时。

这个方法，最重要的是坚持，乔丹和皮蓬等人都没有间断过，一直到长到很高。你看，上进心在人生旅程中竟然具有如此神奇的力量！

那么，我的上进心是什么呢？无非是不想随波逐流的强烈愿望而已。为了改变命运，我愿意做各种各样的尝试，我愿意付出应该付出的代价。不管前面是什么样的道路，我都愿意凭着努力掌控自己的人生方向，以不甘心的姿态活出不一样的人生。

树的方向，由风决定；人的方向，应该由自己决定。

追梦人，世界都会为你让路

关键在于思维方式

实话实说,生长于我们那个小地方,绝大多数人的人生选择就是随大溜。所谓随大溜,就是考学没指望便回乡务农,然后男大当婚女大当嫁,结婚生子,下一辈子仍然涛声依旧。后来还有人选择进城打工,我那个时候还没有任何想法萌芽呢。

记得曾经有一个记者采访偏远山区放羊娃的小故事,让人们无不嘲笑那个放羊娃落后的思想。故事是这样的——

一个记者在山村碰见一个放羊娃,展开了一番对话:

"你放羊为了什么?"

"卖钱。"

"卖钱为了什么?"

"娶媳妇。"

"娶媳妇为了什么?"

"生娃。"

"生娃为了什么?"

"放羊。"

尽管人们觉得放羊娃很可怜,如果我们设身处地地想一想,你又能让他有什么样的开放想法呢?你不能拿你的思想觉悟来要求封闭落后的放羊娃啊!

辍学之后,我知道如果不主动选择做小买卖来改变命运,那么我也就只有放羊娃的命运了。

过了很长时间，父亲终于回到了家里，我们一家又团聚在一起。这样，我做生意似乎更有了主心骨。

为了方便赶集做买卖，我求父亲给我买一辆自行车。父亲给我买来一辆高粱的自行车，是当时最流行的永久牌。那个时候，能有一辆永久牌自行车，是很值得骄傲的事情。可是，这个自行车明明就是男人骑的，又高又大。因为我个头矮，骑在高粱的自行车上，上去就难不来，下来就难上去。有多少次，都差一点要了我这个小姑娘的命。

还有的时候，因为手脚不相随，甚至要把自行车骑到沟边，我才能利用身体重量把自行车偏倒在地，从而保证自己不会骑进沟里。

记得有一次，在去张沟赶集回来的路上，张沟山路可谓十八弯，路还不是很宽，本来我对高粱的自行车就驾驭不了，正拐弯下坡的时候，前边忽然过来一辆大巴客车。我朝前边的大巴客车喊着"停停停"，可是大巴客车根本就听不见，所以没有停。这时候大巴客车已经开到了我的跟前，我在自行车上要下却下不来，心里别提多恐慌了。右边又是深沟，人掉下去恐怕连影都见不到了。当时已经没有什么选择的机会了，害怕也没有用。说时迟，那时快，我下意识地右手扶着自行车的车把，左手扶着大巴车。错车的时候，我把眼睛一闭，发出尖叫的声音："啊……！"结果，大巴车"嗖"地一声就过去了。当我睁开眼睛时，赶紧用左手扶住自行车的左把，此时已被吓得满头大汗。发现自己还活着时，那个后怕劲别提有多恐怖了。

我知道，改变命运会很苦，但是如果不改变，我将永远这么苦。后来我才知道，一个人光是靠努力还不一定能够改变命运。成功者与失败者的根本区别在于思维方式。要改变命运，首先要改变思维方式。

对于大部分人来说，他们的思维会局限在自己能够接触到的范围里，从而出现以偏概全的现象。而成功的人，虽然他们的活动空间有限，但是他们的思维会跳出他们所在的范围，从而站在一个更高的维度上看待事物，就是具备大局观。

说到这里，有人可能会说：既然人们之间最根本的差别是思维方式上的差别，那么让大家都具备成功的思维方式，不就不会有那么多的失败者了吗？

说起来容易，做起来难啊！要改变一个人的思维方式更是难上加难。

其实，一开始做生意时，我对思维方式并没有认知，只是朦朦胧胧间觉得做生意是改变我人生命运的唯一出路而已。如果不出来做生意，那么我只能跟村子里的人一样日复一日重复过去的老套路。

再大的烙饼也大不过烙它的锅

坦率讲，不论做人还是做事，最重要的就是格局。所谓格局，就是指一个人的眼界或者说是心胸，一个人的格局决定他未来的发展空间有多大，甚至直接影响到他的成败。

有这样一句谚语：再大的烙饼也大不过烙它的锅。意思是说：你可以烙出大饼来，但是你烙出的饼再大，它也得受烙它的那口锅的限制。我们所希望的未来就像这张大饼一样，能否烙出满意的"大饼"，完全取决于那口"锅"，这就是所谓的格局。开阔的眼界，博大的胸怀，才是决定我们能否步步为营的根本。

身为女孩子，虽然出身贫寒，但是我也天生爱美。春天赶集卖衣服还好些，夏天就难熬了。炎热的太阳把我的皮肤晒得好黑，无论怎么往脸上涂粉，都遮盖不住被晒黑的皮肤。那个时候我就在想，有没有不被太阳晒的事情做呢？进城打工会不会不晒太阳？

很可能是吸引力法则的作用，真可以说是想啥来啥。1993年的时候，有一次，我去相邻的圣水村赶集会，见到了一个从城里回家的姑娘，模样长得非常漂亮。我卖衣服的地点，就在她家开的小卖部门口。小卖部门口有两棵树，我用一根绳子拉在两棵树之间，然后把衣服用衣钩挂在绳子上卖。到了中午集市上没人的时候，我就跑到她家的小卖部，问她在城市里做什么，她回答说做美发。对于当时的我来说，只要能进城，只要能在房间里干活，都是一件非常开心非常幸福的事，因为在房间里干活就不会把脸晒黑了。

这个姑娘叫花蕊，非常好听的名字。一听说她是做美发的，我就询问能不能跟她去学美发。当听到她说可以的时候，我真是喜出望外，别提多开心了。

花蕊下午就进城了。之前她告诉了我她在城里的地址，兴奋得我一夜都没有睡觉。可以换一种活法，换一个活干，我就再也不想

第一章　制约我们的不是环境，而是态度

在集市上卖衣服了。但是我不敢跟父亲说，因为我父亲根本就不愿意让一个女孩子出门在外讨生活。刚好我父亲有事去了洛阳，我就跟母亲说了，因为怕挨骂，我还求母亲不要告诉父亲。结果我只带了几件换洗衣服，就进城了。等到父亲发现了之后，他看我特别坚定，也就不说什么，由着我去了。

进城后，我开始跟随花蕊姑娘学美发。刚学了三个月，新鲜劲还没过，她因为有些事情就关门不做了。这样一来，我也没地方可去，只能回到了农村老家。因为学了三个月美发嘛，我就在村里开了一个美发店，理一个发只收1块5毛钱，开始实习练手。那也是我成长最快的时候，因为从半拉架到成手，总需要一个学习熟练的过程。虽然剪头发看似简单，但是也需要手、眼、心、脑合一，才能做好。

我们村里有一个习俗，叫作好女不出村。意思是，好的女孩子是不去村外找婆家的，嫁给本村人才是正路。于是，母亲让婶婶在村里找了一个男孩子介绍给我。这个男孩开拖拉机卖煤，他家离我家只有200米远。按照我们那里的风俗习惯，我跟老公17岁订婚，20岁就结婚生子了。

结婚后，我仍然在村里开美发店，每天可以赚到十几块钱，生活也算幸福快乐。

但是，我的心里还是一直渴望着进城打拼。原来是我一个人渴望，现在则是我与老公两个人一起渴望了。我们一边干着手头的事情，一边盘算着将来，一边跟双方父母叨叨着进城的梦想。

我这个人从小就不甘心被命运安排，总是怀揣着梦想，觉得自己应该过一种不一样的人生。

还记得一个很励志的小故事吗？

三个工人在工地砌墙，有人问他们在干吗？

第一个人没好气地说：砌墙，你没看到吗？

第二个人笑笑：我们在盖一幢高楼。

第三个人笑容满面：我们正在建一座新城市。

10年后，第一个人仍在砌墙，第二个人成了工程师，而第三个人，是前两个人的老板。

可以说，揣着梦想就是一种格局。格局虽然看不见摸不着，却又能真正决定着一个人能走多长的路，能产生多大的能量。因为人生所有的行为都会受到这个格局的制约，所以曾国藩说："谋大事者首重格局。"其实，别说谋大事了，就是想干点跟别人不一样的事情，没有一定的梦想或者格局也是难以干成功的。

我们看一颗石榴种子，至少可以有三种结局：放到花盆里栽种，最多只能长到半米；放到缸里栽种，就能够长到一米；放到庭院空地里栽种，能长到四五米。人们常常评价一个人的局限性。其实所谓局限，就是一个人给自己设的局的大小。

人生所能达到的高度，往往就是人们在心理上为自己选定的高度。如果一个人心中从来没想过到达顶峰，那么他可能永远不会获得成功！如果把人生比作一盘棋，那么人生的结局就是由这盘棋的格局决定的。棋局决定着棋势的走向，我们掌握了大格局，也就掌控了大局势。

有一个寓言故事讲，几个人在岸边岩石上垂钓，一旁有几名游客在围观。

只见一个钓者将竿子一扬,钓上来一条大鱼,有三尺来长。钓者解下鱼钩,顺手将鱼丢回海中。围观的众人都在感叹,这么大的鱼还不能令他满意,足见钓者的雄心之大。

钓者又将鱼竿一扬,是一条两尺长的鱼,钓者仍把这条鱼放回了海里。

第三次,钓上了一条不到一尺长的小鱼。围观的人以为这条鱼也会被放回大海,不料钓者将鱼放进自己的鱼篓中。

有人追问钓者为何舍大鱼而留小鱼。钓者回答:"哦,那是因为我家里最大的盘子只不过有一尺长,太大的鱼带回去,盘子也装不下……"

很多时候,我们因为自己学历不足,而不敢立下宏伟的大志;因为自己自卑保守,而不愿打开心门,去接受更好、更新的信息……凡此种种,我们画地为牢、故步自封,其实就是在限制自己的发展。

那些人生篇章舒展不开、无法获得大成就的人,大多是没有大格局的人。对一个人来说,格局有多大,人生的舞台就有多大。

以我个人的经验,格局是一个人对自己人生坐标的定位。只要我们能够调整心态,人人都可以建立大的格局。

第一章 制约我们的不是环境,而是态度

跳出惯性思维的框框

我有一个特点,一旦形成一个意愿,就必须要兑现,否则就寝食难安。比如从农村进城,自从有了这个想法之后,我就一直在为之不懈努力。结果还真是心想事成,双方父母不仅同意了我们的想法,还帮我老公办了一个驾驶证,买了一辆黄色面包出租车。从此以后,我们就开始了进城讨生活的日子。

我那时候的想法,是在城里开一家美容美发店。刚好我们巩义市人民路人民医院对面,有一家美容美发店要转让。我真是喜出望外,简直是天遂人愿。回家之后,我把这个消息告诉老公,他二话不说就同意了我的想法。

转让的店叫蓝天美容美发店,转让费2.8万元。交了房租,进了产品,一共花了5.8万元。店面的装修已经非常破旧,我和老公又重新装了一遍。之后,我们便背上了沉重的压力,因为这大部分的钱都是借来的。

因为我不是很懂行,生意做起来很是吃力。结果美容也不赚钱,美发也不赚钱,于是就卖套盒,利润还不够给美容师发工资的。每天店里边至少赔钱100元,因为压力太大了,弄得我连饭都吃不下去。不到两个月时间,我就瘦了十七八斤,瘦到了皮包骨头。

白天上班我勉强挤出笑容,回到家里则泪流不止。老公为了安慰我，一天早上，特意买西瓜给我吃。我拿着西瓜，怎么都吃不下去，对老公说："店里每天都在赔钱，这辈子我算把你给害了！这么多钱，什么时候才能还得起啊？"

我边说边哭，老公出主意说："我们去找一下原来的老板，还把店还给他吧！"

我们两个商量好，晚上买了水果饮料，去找原来的老板。结果老板却说："现在你白转回来我也不要了，我开店早已经开够了！"

我们都不知道怎么回去的，一夜心情都沉甸甸的，万念俱灰。

次日早上，在我的店右边是一家双汇店，双汇店的老板说："原来这个店转让一年都转不出去，就你个小姑娘太傻来接他的店。"

在我的店左边是一家北京布鞋店，布鞋店的老板说："你早一点说要接店铺，我把我这个鞋店的鞋撤掉，你不用掏转让费，掏点房租就可以直接经营了。"

还有别人说："这一大片有六家美容院，你现在来做不就是找死吗？"

听了这些之后，我就像遭遇五雷轰顶一般，心情别提有多沉重了。

老公看着我的店难以支撑下去，就对我说："不用怕，不就一年的房租吗？我开出租车赚的钱，都给你付房租钱。"

人在没有退路的情况下，只有皱着眉头冥思苦想，才能想办法苦渡难关。有道是，思路决定出路，有些时候旧习惯可能会把你带入死胡同。跳出惯性思维，或许会不一样。

有这样一个非常特别的试验：把六只蜜蜂和同样多的苍蝇装进

一个玻璃瓶中,然后将瓶子平放,让瓶底朝着窗户。大家猜一猜,结果会如何呢?

蜜蜂不停地想在瓶底上找到出口,一直到它们筋疲力尽倒毙或饿死;而苍蝇则在不到两分钟之内,穿过另一端的瓶颈出逃一空。

蜜蜂显然是基于出口就在光亮处的思维方式,想当然地设定了出口的方位,并且不停地重复着这种最合乎逻辑的行动。可以说,正是由于这种思维定式,才使它们没能逃出囚室。而那些苍蝇则对所谓的逻辑毫不留意,全然没有对亮光的思维定式,而是四下乱飞,却终于误打误撞逃出了囚室。

表面上看,头脑简单者在智者消亡的地方顺利得救,其实在偶然当中有着很深的必然性。

那么,我们怎么突破思维定式呢?

我们开始印宣传单,然后去街上十字路口红绿灯处发宣传单。因为十字路口有红灯,开车的都会停下来。既然是开车的,显然应该是有钱人,就可以把宣传单发给他们。

有一个男人还对我说:"小姑娘长得这么漂亮,在十字路口发传单多危险啊!"

我就对他宣传说:"你带着老婆到我们店做美容吧!我们店也可以做美发,我们做得又好又便宜。"

当然,我们也去美容学校发,去银行发,去医院发,凡是我们认为有顾客的地方都去发。

其实,我做的美发并不怎么样,当时我的手艺还不如我的美发师。有一次,我还把顾客的耳朵给剪出血了,只好带顾客到医院治疗,最后还给人家赔了600元钱。从那一刻起,我废寝忘食地钻研技术，下决心要突破难关，还要做到精益求精。也真心感谢顾客对我各种挑剔，后来我的手艺练得很棒。慢慢地，顾客越来越多了。

其实能够把人限制住的，只有人自己。人的思维空间是无限的，像曲别针一样，至少有亿万种可能的变化。也许我们正在被困在一个看似走投无路的境地，也许我们正囿于一种两难选择之间，这时一定要明白，这种境遇只是因为我们固有的定式思维所致。只要勇于重新考虑，就一定能够找到不止一条跳出困境的出路。

成功并不依赖于某种我们不具备的东西

做美发这个活儿有一点不好，就是没有一点规律。有了孩子，又照顾孩子，又照顾顾客，就力不从心了，常常搞得我吃不好饭睡不好觉。

有时候，顾客白天上班或者做生意，晚上9点以后才来到店里做烫发染发。普通的一烫一染，至少要三个小时以上，弄得我非常纠结，不知道该不该接这个活儿。一个顾客可以收300元，放弃不做觉得挺可惜的。如果做，又要熬到半夜。事实上，我们很多时候是白天没生意，一到晚上顾客就来了。为了生计，我只好硬着头皮把活儿接下来。

有一次，我做烫发染发，一直做到凌晨2点。结果，9岁的女儿带着5岁的儿子来到店里找我。孩子要走3公里地才能来到我店里，我当时又心疼又愧疚。

女儿说:"我们都睡了一觉了,看不到你,所以来店里找你。"

当时我就在问我自己:我做的这叫什么生意呀?

生意虽然有了好转,但是 2003 年又发生了"非典"。满街很少有人,即便有人出门,都要戴上口罩。可是店不能关门呀,店里美发师美容师的工资还要发呢。还有,房租也是要交的呀。被逼无奈,我又一次带着美容师美发师出去发传单。原来一烫一染 300 元钱,"非典"期间降到 99 元。结果还不错,皇天不负苦心人,我们"非典"期间不仅没有亏钱,还赚了一点。

从这个时候,我开始钻研赚钱了。市面上流行什么,我就卖什么。晚上 12 点,我看到电视购物档正在卖魔力挺内衣,售价 298 元一件,卖得挺火热。第二天一大早,我就到郑州南下街批发市场去看,发现魔力挺内衣批发价才 45 元,于是顺手批发了一箱 30 件。回来利用电视购物的广告,在我们的店门口开始薄利多销,一件 158 元,结果两天之内,30 件就卖完了。后来,我又批发了两箱 60 件,回来后还是两天就卖完了。

我们也利用电视购物的广告搞推销,看什么赚钱就经营什么,什么赚钱就卖什么。结果一年下来,可以赚到 5 万多元。除去 2.5 万元的房租,自己还能剩下将近 3 万元的利润。

有些人总喜欢说,他们现在的境况是别人造成的,环境决定了他们的人生位置。但是我认为,我们的境况不是周围环境造成的。说到底,如何看待人生,由我们自己决定。纳粹集中营的一位幸存者维克托·弗兰克尔说过:"在任何特定的环境中,人们还有一种最后的自由,就是选择自己的态度。"

的确,一个人能否成功,关键是看他的态度。成功人士与失败人士之间的差别是：成功人士倾向于用最积极的思考、最乐观的精神和最辉煌的经验，支配和控制自己的人生。失败者刚好相反，他们的人生则是倾向于受过去的种种失败与疑虑所引导和支配的。

一位行家说：最常见同时也代价最高昂的一个错误，就是认为成功依赖于某种天才、某种魔力，或者某些我们不具备的东西。可是成功的要素其实掌握在我们自己手中，成功是正确思维的结果。一个人能飞多高，并非由其他因素决定，而是由他自己的态度所决定。

大家可能都看过一个小故事。有一个老妇人，她有两个儿子，一个卖布，一个卖雨伞。雨天的时候她担心卖布的儿子生意不好；晴天的时候她担心卖雨伞的儿子生意不好。于是她整天闷闷不乐，有一天一个人对她说：雨天你就想卖伞的儿子生意好，晴天你就想卖布的儿子生意好，于是老太太就每天都很快乐。

故事告诉我们，看问题的角度影响我们的态度，而看问题的态度则影响我们的行动。换言之，积极思维肯定会改善一个人的日常生活，但并不能保证他凡事心想事成；可是，相反的态度则必败无疑，越是消极的思维越是导致倒霉的结果。

第二章
人生选择大于努力

人生在世，努力当然重要，选择却更重要，因为选择决定着努力的方向。所以说，选择大于努力。

先有正确的选择，再加上自己不懈的努力，就能改变我们的生活，改变我们的命运。如果选择出现了偏差，即便你非常努力，也难以收获成功。有一句话说得好：方向错误，越努力，陷入沼泽就越深。

有一个故事说，唐僧去西天取经，在大唐带了一匹白马，等到唐僧取经结束后，这匹白马就成了大唐第一马。白马以前的朋友都问：我们也每一天都努力地、不停地走，为什么你成功了，而我们没有呢？

白马这样回答：正因我跟着唐僧在走，而唐僧有着清晰的目标，那就是去西天取经。我只是一直在向西走着，不会因任何理由而后退或换个方向，结果我就成功了；而你们虽然也在走，却没有方向和目标，所以无法成功。

简单说，正确的选择加上努力才会事半功倍。

爱拼并不一定会赢

虽然美容美发店实现了扭亏为盈，生意也可以赚点钱了，但是显而易见这都不是长远之计，所以我一直在琢磨着更具有长远性的突围之路。

很偶然地，一个减肥的老师来到我们店里。她姓朱，我叫她朱姐。

她主动问我："小姑娘，你做美容美发一年可以赚多少钱？"

我当时戒心很重，就说："我赚多少钱，为什么要告诉你？"

她就猜着说："一年可以赚 5 万元吧？"

我说："差不多。"其实我当时还赚不了 5 万元，也就是 3 万元左右。

她说："我给你带来一个项目，一年让你赚 10 万元，好不好？"

一听说一年可以让我赚 10 万元，我的眼睛立时睁得很大。

当时马上要到农历八月十五，大家都在等着过中秋节。我因为听到朱姐可以让我一年赚 10 万元的好消息，八月十三就跟着她去了郑州一家医院。朱姐是在这家医院里做减肥项目。我问了她的顾客，顾客说项目挺好。之后，我又跟随朱姐去了她另外两家加盟店。我发现她加盟店里的顾客确实挺多，而且看起来，她们赚钱也很轻松。

这个生意一个人可以照顾好几个顾客，不需要很多美容师就可以轻松赚钱。因为当时令我最头痛的就是美容师，九个美容师已经走了八个，剩下一个还是不爱说话的人。

开美容美发店就是这样，没有美容师，来了顾客没人提供服务。雇了美容师，没有顾客也发愁，因为没有顾客就没钱赚嘛。但是，朱姐的减肥项目赚钱就好轻松啊！

我开始询问项目的加盟费，朱姐说需要6.8万元。当时我在想，为什么要这么多钱？这些钱在我们当地市区可以买一套房子了，于是就问朱姐能不能少一点。但是无论我怎么讲价，朱姐都不松口。由于太渴望做这个生意了，我只好决定借钱加盟减肥项目。

中秋节前后，我谈成了项目，回来后九月底开始正式启动。这个项目确实很不错，从农历十月到腊月，年前三个月就赚回了13万元，这可是我这些年中赚钱最多的一年。过年回到农村老家，大冬天看到的枯枝败叶都那么美，好像水墨画一般诗意盎然。真可谓人逢喜事精神爽。

由此我体悟到，单纯的爱拼并不一定会赢。只有以选择正确为前提，再辅之以爱拼，人生和事业方能如虎添翼。

有一个故事就是讲这个道理的。有一个十分勤奋的青年，很想在各个方面都比身边的人强。经过多年的努力，仍然没有长进，他很苦恼，就向智者请教。

智者叫来他正在砍柴的三个弟子，嘱咐说："你们带这位施主到五里山，打一担自己认为最满意的柴火。"

年轻人和三个弟子沿着门前湍急的江水，直奔五里山。等到他们回来时，智者正等在门前迎接他们——年轻人满头大汗、气喘吁吁地挑着两捆柴，蹒跚而来；两个弟子一前一后，前面的弟子用扁担左右共担四捆柴，后面的弟子也是用扁担左右共担四捆柴。

正在这时，从江面驶来一个木筏，载着小弟子和八捆柴火，停在智者的面前。年轻人和两个先到的弟子，你看看我，我看看你，默默不语；唯独划木筏的小徒弟，与智者坦然而对。智者见状，问道："怎样啦，难道你们对自己的表现不满意吗？"

"大师，让我们再砍一次吧！"年轻人请求说，"我砍了六捆，扛到半路，就扛不动了，扔了两捆；又走了一会儿，简直压得喘不上来气，所以又扔掉两捆；最后，我就把这两捆扛回来了。但是，大师，我已经尽力了。"

"我和他恰恰相反，"大弟子说，"刚开始，我俩各砍两捆，将四捆柴一前一后挂在扁担上，跟着这个施主走。我和师弟轮换担柴，不但不觉得累，反倒觉得轻松了很多。最后，又把施主丢弃的柴挑了回来。"

划木筏的小弟子接过话，说："我个子矮，力气小，别说两捆，就是一捆，这么远的路也挑不回来，因此，我选择了走水路……"

智者用赞赏的目光看着弟子们，微微颔首，然后走到年轻人面前，拍着他的肩膀，语重心长地说："一个人要走自己的路，本身没有错，关键是怎样走；走自己的路，让别人说，也没有错，关键是走的路是否正确。年轻人，你要永远记住，选择比努力更重要。"

从干美容美发到干减肥，我可是真的体会到了：选择比努力更重要！

追梦人，世界都会为你让路

选择不对，努力白费

虽然掏了那么多加盟费，但是终于赚到了人生第一笔大钱，相当于人们常说的"第一桶金"吧，我别提有多兴奋了。

大年初一，我都不舍得时间看电视，不舍得时间休息休息，而是把朱姐（现在已经叫朱老师了）教给我的所有方法都拿出来练习，这些方法都被我记在本子上了。我开始模仿朱老师讲课，还让老公和孩子都上床，不让他们在地下来回走动。紧接着，我就在地上眉飞色舞地开始讲课了。

后来，老公和孩子都笑着跟我说："如果当年你念书的时候这么努力，今天你最起码是科长的级别，我们全家也跟着你享福了。"

次年，我用心做了一年，全年顾客就有500人之多。我赚了更多的钱，还在巩义市买了车买了房。

后来，朱老师感慨地跟我说："就你简单，所以只有你赚到钱了。我到你们巩义市，两天半的时间，只有你一个人跟着我走了，别人都拒绝了我。"

也是在这个时候，我不仅明白了选择大于努力，还明白了简单获得智慧。

接下来，我们店里又引进了各种各样的减肥方法。顾客跟我一样，也都瘦了下来。自此以后，生意进展一直很顺利。

我曾经看过一位作家记叙他童年往事的一篇文章，大致的内容是这样的：跟我一样，他出身农村，小的时候，当地比较缺水果，一群小伙伴三五成群地到村子后面的小山，爬到树上摘桑葚之类的野生水果，以此解解嘴馋。

小伙伴每次爬树时，情况都有很大的不同：刚开始，大家都从一棵大树底下往上爬。但越是往上爬，这棵大树的分杈就越多，这样，小伙伴们便各自选择了不同的树杈。

最后，起点完全相同的小伙伴们，分别爬到了不同的方向和高度，有的威风凛凛地站在又高又稳的主干枝头上，有的则趴伏在轻微摇摆的侧枝上，还有的停留在树杈之间。从树上下来的时候，有的收获颇丰，有的可怜巴巴，还有的一无所获……

这位作家由此感叹，童年时候爬树，和人生历程惊人的相似！的确，人生之中，我们经常会面对不同的选择，也正是这些不同的选择才决定了我们当下的现状。至于其中的努力成分，很多时候反而是次要的，因为如果你选择了"侧枝"和"树杈"，那你的努力就会大打折扣，甚至出现反向效果。

在我看来，人生有两件事非同小可。

一是跟对贵人。先有伯乐，才有千里马。人是可以被教育的，前提是，你的伯乐在哪里？他是谁？他能让你成为谁？贵人是教育你建立正确思维、正确价值观、正确人生理念的人，贵人是给你理顺思路的人，是给你明确方向的人，是修正你的人，是恨铁不成钢又处处说你优点的人，是鼓励和帮助你的人，是恨你到咬牙切齿又不忍心放弃你的人，是把你扶上马送你一程的人，是陪你到胜利为你呐喊欢呼的人。

二是找对平台。无论你是才华横溢，还是草根布衣，只有把自己放对了地方,你才会有正念正见正语正行。因为,人是环境的产物。无论干什么,选对平台很重要。我们经常听说一句话:"有能力的人在哪儿都一样,是金子在哪儿都发光。"但是事实并不是总朝着我们希望的方向发展,所以说选对平台,对一个人的发展至关重要。

在人生发展的过程中,每个人都会遇到各种各样的选择。选对了平台,可以让你在短时间内学习到更多的东西,得到更多的锻炼,从而在收入和能力上得到更大的提升;反之,去了一个不适合自己的平台,往往很难熬出头。

连危机当中都有机会

危机常在,作为一个优秀的人不但要善于应对危机,化险为夷,还要能在危机中寻求商机,趁"危"夺"机"。古今中外,把危机变成商机的事例亦不在少数。

南宋绍兴十年(1140年)七月的一天,杭州城最繁华的街市失火,火势迅猛蔓延,数以万计的房屋商铺都陷于一片火海之中,顷刻之间化为废墟。

有一位裴姓富商,苦心经营了大半生的几间当铺和珠宝店,也恰在那条闹市中。火势越来越猛,他眼看自己的心血将要毁于一旦,但他并没有让伙计冲进火海,舍命抢救珠宝财物,因为那已经不可能抢救出来了。他不慌不忙地指挥大家迅速撤离,一副听天由命的神态，令众人丈二和尚摸不着头脑。

然后呢，他不动声色地派人从长江沿岸平价购回大量木材、毛竹、砖瓦、石灰等建筑用材。当这些材料像小山一样堆起来的时候，他又归于沉寂，整天品茶饮酒，逍遥自在，好像失火压根儿与他毫无关系。

大火烧了数十日之后被扑灭了，但是曾经车水马龙的杭州，大半个城已是墙倒房塌一片狼藉。不几日朝廷颁旨：重建杭州城，凡经营销售建筑用材者一律免税。于是杭州城内一时间大兴土木，建筑用材供不应求，价格陡然暴涨。裴姓商人趁机出售建材，获利巨大，其数额远远大于被火灾焚毁的财产。

这是一个古代的案例，然而蕴含其中的经营智慧却亘古不变。20世纪60年代中期，香港经济不景气，地产低迷，而李嘉诚恰恰是在地产危机中，用低价收购了当时全港大量的烂尾楼，并成就了后来赫赫有名的长江地产……

当然，我们是在商言商，并不想做那些不恰当的额外判断。

其实，我们转向美体内衣也是一次危机中寻求商机的实践。

有一天，我的美容师正在给一个顾客做胸部护理。突然，美容师从美容室走出来，说出一位顾客胸部可能有病症。

当我进去查看了之后，我说要带着她去对面的人民医院检查一下。她同意后，我们就去了医院。结果下午4点，胸部检验报告就出来了。医生告诉说，她患了乳腺癌，而且已经是晚期了。当时这位顾客就崩溃了，一下子就哭出声来。她是我们当地一个教师，丈夫也是教师，两口子感情非常好。她有两个孩子，家庭非常幸福。

所以她说不想死，还没有活够呢。当时，看到她那种绝望的神情，我的汗毛都竖了起来。

医生告诉她，从今以后不要戴胸罩了。

在那一刻，我也很害怕。我每天晚上回家把胸罩脱下来，我的胸也会感觉到很痛，我穿的文胸制作得也不规范。

过了几天，我带着店里几个顾客去医院做胸部检查，现在她们已经成为我的姐妹。医生告诉我，她们也有各种各样的乳腺疾病，诸如乳腺增生、小叶增生，等等，不过是有的轻一些有的重一些而已。医生说，最好的方法就是不穿胸罩内衣。但是我们作为女人，天天在外边走，怎么可能不穿胸罩呢？这个问题困扰我很久。

记得一个故事讲，从前有一个国王即将出门远行，临行前召来他的三个仆人吩咐道："我即将远行，现在交给你们每人一枚金币，你们各自拿着这枚金币去做生意，等我回来时来见我。"

就这样，国王远行出门，三个仆人各自带着一枚金币去寻找商业机会。

很久以后，国王回来了。

三个仆人带着他们的成果前来汇报。

第一个仆人说："主人，我用当初的一枚金币赚来了一栋别墅。"

第二个仆人说："主人，我用当初的一枚金币赚了10枚金币。"

第三个仆人说："主人，当初你交给我的那枚金币，我一直保存未曾支取。"

听完他们的回答，国王做出决定：第二个仆人的财产归他自己，没收第三个仆人那枚唯一的金币，并把这个金币转赠给第一个仆人。国王说："凡有的，还要加给他叫他多余；没有的，连他所有的也要夺过来。"

后来这句话被概括为"马太效应"，应用在经济学领域中，表现出各个领域中有些人一步领先，步步领先，赢家通吃的现象。

实际上，如今的时代越发趋向于赢家通吃，虽然游戏参与者真实的水平可能差不多。赢家通吃这个趋势开始从企业、机构、组织向个人渗透。低垂的果实已经被采摘干净，世界正在快速进入高门槛的竞争社会，仅凭敢打敢干的套路，未来已经难有机会。

低端无路走，那就走高端

在危机中寻找机会，说起来容易，做起来很难。

正在我们为胸罩问题而烦恼不堪、苦寻对策的时候，也是无巧不成书，用古话说就是：踏破铁鞋无觅处，得来全不费工夫。

有一天，有一个做内衣的老师来到我们店里，她做的内衣是某品牌。应我的要求，她给我讲了文胸的原理。我觉得，这样的内衣正符合我的需求，所以当时我就买了这款内衣。

同时，我还拿了这个品牌的内衣放在店里卖。我发现穿上文胸，胸部确实舒服了很多，脱下内衣，胸不再痛了。

后来，我们店里连续上了四个品牌的内衣。每个品牌都有它的优势，但是都有它的缺点：不是背很大，就是解决不了副乳问题，有的穿上很难看。

当时我就在想，如果能把这几个品牌的优点汇集在一起，再把它们的缺点都弥补了，这不是一件很美好的事吗？再加上我开减肥店已经有几年时间，对顾客的内衣和感受也有很多很深入的了解。我知道如果能设计出一件内衣，让顾客又健康又美丽又自信，那该多好！

可能就是吸引力法则的作用吧，一个非常偶然的机会，我在火车上碰到一个内衣设计师。我们一见如故，一打开话匣子就聊得热火朝天。我把所有的想法都倒了出来，就是想跟她来一场头脑风暴。

正是在这个基础上，她按照我的想法一步一步设计并做出第一套内衣。然后一来一往，我们通过各种方式进行沟通联络。有时为了一个小细节，我可以坐着飞机去找这位设计师，甚至要跑很多次。

更欣喜的是，通过这位内衣设计师，我还认识了一位资深的香港内衣设计师，使我们的内衣设计如虎添翼。

当内衣定型以后，我第一个穿在了自己的身上，我爱我的内衣，就像爱我的孩子，别提有多喜欢了。

没错，穿上这样的内衣，可以让一个女人立马自信起来。我们的内衣品牌叫聚贤，里面注入了我的时间、我的精力、我的心血。我可以非常自信地说，我可以拿着我的聚贤内衣去跟任何一个品牌比较，而且我们的品牌丝毫都不会逊色。

特别值得一提的是，从减肥项目中，我开始体会到进军高端市

追梦人，世界都会为你让路

场在获利能力上的重要性，所以我们的美体内衣一开始就定位在高端。在女性内衣这个市场上，很多企业由于常年在低端市场拼杀，虽然获得了很高的市场份额，但是由于品牌弱势，一直无法有效地进入高端市场，即使在其产品并不逊色的前提下也仍然如此。而由于低端市场消费者对价格高度敏感，使价格成为低端市场的"撒手锏"，价格战屡屡在各类产品的低端市场上演。

在我国，经常出现一种结构性过剩，即低端市场产品过剩，高端市场产品短缺。在低端市场，大量企业蜂拥而入，产能急速扩大，超过市场需求，导致价格战，企业盈利下降。在高端市场，很多企业由于没有突破技术壁垒，无法参与竞争，或者只有个别企业掌握了有关技术，致使诸多企业只好望洋兴叹。

正因为低端无路走，我们才在反复权衡利弊的基础上，走上了高端路线。高端市场的利润永远高于低端市场，这一点没有例外。不管怎么说，商业的本质是让人多花钱而不是省钱。

我们聚贤产品的定位，就是让顾客实实在在、真真切切地感受到它的价值，让顾客因为我们的产品和服务变得更成功、更富有、更健康、更美丽、更幸福、更喜悦、更自在……

当然，在经营聚贤产品的过程中，我们也取得了可观的经济效益。

改变命运的不是知识,而是见识

我没有在学校读过多少书,因为很早就辍学了。当然,走出校门之后,尤其是走上商业经营这条道路之后,我还是非常喜欢读书的。

在走向社会以后,我不仅读书,而且还经常参加各种培训班,拜访各种专业的名师,从他们身上学到了很多在学校学不到的知识和智慧,对我的人生、事业都产生了非常重要的作用。

但是,我这里要说的并非读书长知识的重要性,而是读书背后长见识的重要性,以及社会阅历增长的重要性。个人认为,改变命运的不仅是知识,还要有见识。正如知识分子了不起,是因为知识分子见多识广。

为什么见识如此重要呢?因为缺乏见识,一个人的视野就被局限了。我们知道,跟有些人讲道理永远都是讲不通的。并不是那些人故意要与你作对,而是因为他们没有见识,大家的认知水平不在一个平面上。就如庄子所说的:井蛙不可以语于海者,夏虫不可以语于冰者。

曾经看到过一个故事。有一次,清末民初时期著名的国学大师王国维先生邀请早已退位的清末代皇帝溥仪到家中做客。

他热情地给溥仪展示自己珍藏了半生的古董字画、金石玉器,然而溥仪只是随手指了几件,告诉王国维都是假的。

王国维当然不服。这些珍玩都是他凭着自己的美学、史学造诣挑选出来的,怎么可能是赝品?后来他去找同行鉴别,又去老板那里套话,果然溥仪指出的那几件都是假的。但是当他向溥仪请教鉴别方法时,溥仪说:"我也不懂你们说的那些鉴别方法、技术啥的,我就是看你那几样玩意儿和我家里的那些有些差别罢了。"

嗯,和我家里的不太一样,所以本人判定,你的是假货。如此霸气的回应,令人不得不感叹溥仪的见识。

当你没有见过最好的,你就常常误以为自己目前所拥有的就是最好的,从而将自己禁锢在小小的世界里,而忘记了世界之大。

是的,知识什么时候学习都不会晚。但见识不同,因为它决定着你的眼界、你的为人处世及你的命运!

然而,读万卷书不如行万里路。书即使读得再多,也终究是纸上谈兵。走得远了,看得多了,见识自然也就增长了。

当然,无论你读过多少书,去过多少地方,没有经历过社会打磨的你,终究也只是温室里的花朵。只有真正地在社会上摸爬滚打过,才算得上真正的长见识。

其实,缺乏见识是比缺知识、缺钱更可怕的事情。记得一位老师曾经讲过:我们现在讲的话都是没有什么智慧的,各位一定要提高警惕,你看有些人读了很多书却没有多大用处。因为他有很多的书本知识,但没有与实践相结合。

一个没有智慧的人,很可能知识越多反而作用越不大。因为他把自己的脑袋变成了知识的垃圾桶。现实之中,有很多人变成知识的垃圾桶。杂乱无章，没有头绪，自己认为是有是非，结果是不明是非。对于一个有智慧的人，知识越多越好；对于一个没有智慧的人，知识很难发挥应有的效用。你看很多人一天到晚背很多东西，最后却没多大用处。

我们每天刷小视频、刷消息，但是半个月后那些内容我们根本记不住，也对我们没有产生多大影响。其实这些现象背后透露着一种恐惧——生怕自己错过什么。不论我们身在何处，总怕没有看到某一条消息，错过了某一次机会。我们总希望能经历更多有趣的事情，看到更多的好风景，品尝更多的美食。我们把它称为快节奏，但其实回眸时，我们是没有节奏的。

人生要学会做减法，而且要不断强化，把这项技能融入到自己的生活中，强化认知。比如，工作、创业等。如果要创业，前期不能冒进做大平台，而是要做减法，做核心，踏踏实实做一个东西。

既然改变命运的不是知识，而是见识，那么，我们最应该做的事情就是增长见识。当然，见识不仅是见多识广，还包括提升思想境界后的悟性。

磨刀不误砍柴工

"磨刀不误砍柴工",早已经成为人们的口头俗语。

原本的故事是说一个年轻人每天很早就到山上砍柴,他很努力很勤奋,在别人休息时,他都不舍得休息。每天干到天黑,但是砍的柴却不如一个老者砍得多。这个老者每天来得很晚,而且老是休息,但是一天下来砍的柴却比年轻人多很多。年轻人想不通,于是更加努力更加卖力,却还是不如老者砍的柴多。

这时老者喊他休息、喝茶。他说:"我这么卖力,而且年轻力壮,却干不过你,不好意思休息!我没有时间!"

老者笑笑说:"你再怎么努力也不行,也不能超越我。想知道什么原因吗?我为什么比你砍的柴多呢?我年龄比你大,而且精力不如你。但是我的刀比你锋利,每当休息时,我就磨磨刀。你呢?却一直不停地砍柴,刀都钝了,越砍越累,效率越低。要想轻松又砍得多,就要把刀磨得锋利。

这就是"磨刀不误砍柴工"的由来。孔子曾说,"工欲善其事,必先利其器"。孔子告诉学生子贡,一个做手工或工艺的人,要想把工作完成,做得完善,应该先把工具准备好。意思是,要办成一件事,一定要事先进行筹划、安排,这样才能稳步把事情做好。

所以说成功一定有方法、有技巧,可不是蛮干、瞎干的。瞎干蛮干既累又干不出成效来,越干越没有信心。所以先向成功者学习，学到了方法技巧，很快就能做出业绩。不但效率高，而且简单轻松，也不会耽误赚钱。

你可以花10年、20年、30年时间在黑暗中慢慢地摸索，但是最聪明的办法，就是站在巨人的肩膀上登高望远，踏着成功者的脚步走，用最短的时间学习顶尖高手的成功经验。

我从做美容美发开始，一直做到针灸减肥，最后做到美体内衣，其间经过了深入考察，不断学习，反复研究，直到把这些事情做成，做出成效，都验证了"磨刀不误砍柴工"这个道理。世间的很多事情就是这样的，要达到目的不能直奔主题，而是要讲究"曲线救国"。这些都从侧面验证了"磨刀不误砍柴工"的道理。

接着讲孔子。春秋时鲁国单父，地方官空缺，鲁国国君请孔子推荐一个学生，孔子推荐了巫马期。巫马期上任后十分努力，披星戴月，废寝忘食，兢兢业业干了一年，单父大治。不过，巫马期却因为劳累过度病倒了。于是孔子推荐了另一个学生宓子贱。子贱弹着琴、唱着小曲来到了单父。他在官署后院建了一个琴台，终日弹琴，身不下堂，日子过得很滋润，一年下来单父大治。后来，巫马期很想和子贱交流一下工作心得，于是他找到了宓子贱。

宓子贱是一个不到30岁的小伙子，个头不高，面色红润，有一个睿智的额头，说话慢条斯理的，眼睛很黑很亮。在他面前，巫马期应该是感觉到了压力。他们的谈话很快就进入了正题。巫马期羡慕地握着子贱的手说："你比我强，你有个好身体啊，前途无量！看来我要被自己的病耽误了。"

子贱听完巫马期的话，摇摇头说："我们的差别不在身体，而在于工作方法。你做工作靠的是自己的努力，可是事业那么大、事情那么多，个人力量毕竟有限，努力的结果只能是勉强支撑，最终伤害了自己的身体。而我用的方法是调动能人给自己做工作，事业越大，可调动的人就越多，调动的能人越多，事业就越大，于是工作越做越轻松。"

我们的聚贤产品面世之后，一方面成立了旗娟总公司，另一方面又在河南和江苏陆陆续续成立了多家分公司，这样就可以调动起更多的人力物力做大事业，并使更多的加盟者从中获益。

因为我们知道，有100件事情，一个人都做了，那只能叫作努力。有100件事情，执行当事人借助他人的力量，帮他把所有的事情都办好了，而且那些做事的人回过头来还要感谢他提供这样的锻炼机会，这就是借力使力！擅于努力的执行者远不如擅于借力的执行者，一个人的能力终究是有限的。能够让他人发挥作用，达到所达成目标的能力，才是卓越的领导力和执行力。

一个聪明的领导人，应该能够正确地利用部属的力量，发挥团队协作精神，不仅能使团队很快成熟起来，同时，也能减轻管理者的负担。在公司的管理方面，要相信少就是多的道理：你抓得少些，反而收获就多了。

第三章
热爱可以跨越一切障碍

大千世界，芸芸众生，每个人都有一份自己的职业。其实职业并没有高低贵贱，但是人格却有。真心热爱自己所从事的职业，为这个职业全力以赴者，就是高贵的人。

孔子说："知之者不如好之者，好之者不如乐之者。"这当然是在讲兴趣爱好的重要性。

任何行业，只有真正沉浸其中，你才能成功。而要想沉浸进去，就必须深层次地掌握这个行业的实质和方法论。一个人经过不同程度的锻炼，就会获得不同程度的修养、不同程度的效益。好比香料，捣得越碎，磨得越细，香得越浓烈。

有一个说法是，最好的人生就是进入自己喜欢的领域，从事自己热爱的事业。既可以朝九晚五，也愿意通宵达旦，还可以浪迹天涯。做了自己热爱的事业后，付出越多，越觉得值得。吃饭想，走路想，连睡觉也在想。总之，热爱可以跨越一切障碍的。

我们曾特别期盼得到外界的认可，等到某一天才知道：世界是自己的，与他人关系不大。

你可以成为你想成为的任何一种人

从 2011 年 5 月 1 日到现在，我一直都在到处奔波。就是现在，我也一直从河南到江苏，从江苏到河南，不停地奔波。无论怎么累、怎么苦，无论别人怎么说我，我都不怕，因为热爱。

只要能够帮助更多的人，我总是无怨无悔，因为我喜欢。

其实，热爱是最好的导师，热爱是成功的源泉。热爱可以让你不计得失、毫无保留地付出。热爱是有力量的，热爱可以给你能量，热爱会让你的小宇宙爆发。当你热爱的时候，你就会有强大的动力；当你不爱的时候，你就没有动力了。不管你做什么行业，有没有问题，有没有困难，有没有挑战，只要热爱，你就可以跨越一切障碍。

很多人都在探讨人生的意义。有人说，人生的意义说有可有，说无可无，可大可小，关键在于自己怎么赋予。你想成为什么样的人，你就会给自己定下什么样的目标和理想。当然，目标和理想能否实现，也在于你自己。

生活原本是一张白纸，由我们自己来涂抹颜色，将人生填充得丰富多彩，而我们每每下笔，便会思考：我的画将要采用什么样的主色调，我要画出怎样的画卷，我未来要做一个怎样的人呢？

有研究者告诉我们："你想成为什么样的人，就能成为什么样的人。"无论什么时候,你都要用这句话来鼓励自己,直到它变成你的一部分,成为习惯。最终,你会发现,自己真的会成为当初想要成为的人。

你梦想成为什么样的人,你就能成为什么样的人。你今时今日所处的位置,都基于你所信赖和梦想的一切。因为,当你有了一个明确的目标之后,你就会在心里产生坚定的信念,并且不断地激励自己朝着目标前进。

按照"墨菲定理",我们生命中所发生的一切,都是自己吸引过来的。它们是被我们心中所保持的"心象"吸引而来,它们就是我们所想的。不论我们心中想什么,我们都会把它们吸引过来。

打个很简单的比方:当你早晨醒来,因为正做着美梦,被闹钟吵醒起床气很重,所以你心情很糟糕,然后一连串不顺心的事情就会出现:牙膏没了、想穿的衣服找不到、上班迟到了,等等。

这就是吸引力法则。当你把思想聚焦在不想要的事情上面,你会发现事情越发糟糕。但是相反地,当你的思想聚焦在你想要的事情上面,并且集中注意力去想着你已经拥有或者你期待的事情已经发生了,去体验那种快乐满足的情绪,你就会获得你想要的。

如果我们想要成为那个人,一定是我们很想很想,一定要付出所有的努力才能实现。当然,有时并不是百分之百你想成为谁就能成为谁,但是,它的真正意义在于你对它的信念。一旦你觉得可能,它就会变成可能。就好像爱迪生发明灯泡一样,虽然失败了几千次,但他还是坚持尝试。因为,在他的心里,始终相信自己一定能办到。

第三章　热爱可以跨越一切障碍

所以，如果你想摆脱目前的生活状况，请告诉自己你会成为富翁，你将要生活在富裕的环境中。确立这样的信心后，你要冷静、坚定、自信地守护你的理想，只要你相信它，也相信自己，它就一定能成为现实。

从我个人经历来看，我之所以能从一个贫困山区的小山妞到今天的都市企业的经营者，其基点就是一个出于不甘心的愿望。我不想重复父辈母辈一直到祖祖辈辈的生存故事，我要成为一个全新的人，成为一个按照自己意愿追求自己想要生活的主人。在这条道路上，我从做小买卖开始，做到开理发店、美容美发店、针灸减肥店，一直到经营美体内衣的郑州旗娟贸易公司，都可以算作自我追求的发展轨迹。

我们的团队里有一位叫李晓燕的伙伴。她是福建人，也是从小在穷乡僻壤长大的。她家门口有一棵大榕树，她小时候的零食就是树上的果实。小时候，她的脸上长了一个血管瘤，做手术导致她右耳失聪，脸上还留下了疤痕，一直到工作都没有人夸过她漂亮，这让她很没有自信。她16岁读到初一就辍学了，20岁嫁人，只在婆家的老房子里住过两个晚上，此后一直在外面为了生计奔波。因为家里特别贫穷，日子过得很艰难，当然也就没有人看得起她。也正因如此，她骨子里想翻身的强烈企图心促使她渴望成功，渴望赚钱。

她与丈夫在福州打拼时，为了省钱，曾住过每月200元的民房。一次又一次的创业失败，光外债就欠了将近20万元，最穷的时候连200元的房租都交不起。这样的际遇曾经让他们夫妻走向了婚姻解体的边缘。给李晓燕留下最深记忆的是，有一次她的母亲向亲戚借了2万元钱，然后爬着100多个石梯递给她。从那以后，她发誓一定要做一个有钱人，让父母过上好日子。但是苦于没有高人指点，她虽有雄心壮志也终归无能为力。

李晓燕在一次销售会议上分享说："一直持续到2013年4月份，在我最迷茫的时候，我的人生终于迎来了曙光，我结识了我的恩师李绘娟，让我的人生从此开始不一样。我的恩师从来不嫌弃我没有学历，没有能力，把我带在身边悉心培养。她走到哪里，我和我的丈夫就跟到哪里，一跟就跟了6年多。此后，一个又一个的奇迹在我身上发生了。2015年9月，我的坐骑由电动车换成了汽车。2017年，我拥有了第一家分公司，实现了财务自由。"

我的经历和李晓燕的经历告诉大家：你可以成为你想成为的任何一种人。

一位著名的科学家曾到一所学校做过这样的研究：他对同一个班上的部分孩子说，你们是天才，智商非常高。又对另一部分孩子说，你们的智力水平一般。15年后，那些被认为是高智商的孩子果然取得了很高的成就。而那些被认为智力水平一般的孩子，的确没有什么成就。后来科学家发表言论说，那时候他只是随机挑选了一些孩子，对他们随便说说，其实那些孩子的智力水平都差不多。

那些被认为是"高智商"的孩子之所以能取得不凡的成就，就是因为受到了科学家的暗示——"我是天才"。因而，在日后的生活中，他们时时处处都以此为标准来要求自己，并且不断地朝着更好的方向发展，他们果然成了优秀人才。

可以看出，那些认定自己很优秀的人都非常自信，自信表明了一种对自我能力、优势的认可与肯定，自信可以使一个人认为自己有能力冒风险，接受各种挑战和工作任务，提出要求并尊重承诺。

在我个人来说，不论是原来的小打小闹，还是2011年到2015年探索经营美体内衣的整个过程中，的确没少经历过困难、挫折和失败。我做美容美发最低谷的时候，一共九个美容师走掉八个，只有一个最笨的留下了。2011年5月1日，我走出河南选择再次创业，因为系统不完善，产品要升级，很多人对公司都半信半疑，甚至觉得目标遥不可及。看着追随公司却得不到想要的结果，进进出出的人很多，留下来的加上我只有12个人。但是因为退无可退，我连打退堂鼓的资格都没有了，所以只能硬着头皮咬住牙关往前冲。结果我不但坚持了下来，而且还坚持到春暖花开，卓有成效。

如果我们想要成为那个人，当然还需要实际的努力。努力是一种生活态度，与年龄无关。所以，无论什么时候，千万不可放纵自己，给自己找懒散和拖延的借口。对自己严格一点儿，时间长了，努力便成为一种心理习惯、一种生活方式。真正能激励你，温暖你，感动你的，不是励志语录心灵鸡汤，也不是励志的故事，而是充满正能量的你自己！

追梦人，世界都会为你让路

解决困难就是在提升智慧

在创业的路上，每一个人都会遇到各种各样的困难，当然我也碰到了很多困难。我当时为什么能够克服困难？因为后边有无穷的责任、使命和动力支撑着我要克服它。

从 2011 年 5 月 1 日开始，为了实现更大的梦想，我选择了新的创业征程。我把我的店给了妹妹，然后去别人的公司学习、取经，专门探讨解决内衣问题，准备创立自己的美体内衣品牌。

那时候郑州旗娟贸易有限公司成立不久，系统不完善，产品要升级，当时我只会做销售、带团队，根本不懂如何运营和管理企业。公司很多员工都对前景半信半疑，我每天都要帮助员工调整心态。其实我自己一边忙里忙外，一边还面临着老公的不理解。所以我也陷入了精神崩溃状态，经常一个人在家里哭，心里别提有多痛苦了。

在很难支撑下去的时候，我也想到过放弃。那时候，我经常问自己：本来有自己的美容院，我为什么要选择重新创业？我为什么要选择这份痛苦？

但是，当我看到一双双眼睛都在看着我，指望着我为她们带来希望时，我就觉得我的身上有一份责任。如果我放弃了，她们的梦想也许就没有了！如果我放弃了，她们一辈子都会骂我。因为她们每个人都借了很多钱。

为了集中精力创业，我毅然决然地转掉了美容院，走上了艰辛创业的不归路。

每当过年的时候，我们都喜欢互相祝福：恭喜你事事如意！家里也常喜贴几张书写"吉祥如意"的红纸，还发明了一种用来抓背搔痒的如意造型。大家都希望生活更好，困难更少；当然最好的就是生活中没困难，一切平安，一切如意，一切吉祥。那么，有没有实现过呢？其实，这个希望从来都没有实现过。就是因为没有实现过，每个人才一直期待这件事情，期待事事如意。

首先，人生在世，每个人都会遇到大大小小的困难。所以说，有困难是当然，没有困难是偶然。俗谚所说"人生困境十之八九"，就是这个意思。

能够明白这个道理，我们在现实生活里，才不会觉得自己是个倒霉鬼，觉得自己的人生好像一塌糊涂，觉得自己的命运很困窘。那样的话，在无形当中，内心就会变得很没力量、很卑怯、很退缩、很郁闷。所以，我们对现实人生要有正确的认识，消除内心不当的期待、妄想，也驱散苦闷的心绪。

其次，人生最大的困难，就是一遇到困难，就不想面对，这会导致我们的内心产生障碍。生活要靠我们自己，而不是等待奇迹。奇迹是有的，但是等待奇迹的生活态度最好不要有。所以，怕困难本身就是一个大困难，直面困难才能解决困难。

再次，抱怨没有用，愿意了解才会增加助力。在现实生活里，如果有一件令人手足无措的事情突然发生了，这个时候，你就会看到有人开始发泄情绪，不停地抱怨。抱怨什么？抱怨环境，或抱怨对方。抱怨本身，就是无奈的表现。

当我们开始抱怨的时候，会把问题的难度放大。这就好比你的文件上面突然被滴了一滴墨水，如果拿起文件来甩，脏的面积就更大了。抱怨的本身就是这样，当抱怨的时候，会把那种无奈及恐惧的心绪散发给周围的人。

再一点，抱怨没有意义，还不如去了解现在所面对的困难。只有愿意了解，助力才会形成。人活着就是为了解决困难，而不是抱怨困难。抱怨困难，生活不会更好；解决困难，才是我们活着的重点。

最后，要知道，解决困难的方法就在困难当中。举例来说，我们每个人都有生病的经历，也去过医院，找过医生。当我们到医院时，医生首先要面对我们的病，然后他才有机会去了解这个病，才能找到治病的方法。如果不愿意面对这个病，他就没办法了解这个病是怎么引起的，那么治病的方法也就无从得知了。

事实上，困难往往是可以战胜的。很多伟人都是通过不断地克服困难甚至是在挑战失败的过程中取得胜利的，这是伟人成功的一条普遍规律。所以有人说，成功就是战胜困难。

有一个故事广为流传。在四川一个偏僻的地方，有一贫一富两个和尚。一天，穷和尚对富和尚说："我想去一趟南海。"

富和尚以为他是在开玩笑，但是看到他一本正经的样子又不像是说瞎话，所以忍不住哈哈大笑地嘲弄他说："就你也想去南海？我准备了几年，东西都还没有齐全，也没敢动身，你凭什么去？"

穷和尚说："我只要一个水瓶、一只饭钵就够了。"

富和尚觉得他是在胡说，所以懒得理他，笑着对他说："没听说过有这样的事，哪儿凉快你哪儿待着吧。"

穷和尚并不跟富和尚争辩,悄无声息地就走了。过了一年多,穷和尚从南海回来了,并将去南海的经历告诉了富和尚,富和尚听了十分惭愧。

我们知道,成功是通过克服困难获得的,而且成功的大小与你克服的困难大小是正相关的。克服的困难越多越大,你的成绩就越大;克服的困难越小,你取得的成绩也就越小。所以要想成功就必须克服困难,要想成就大业就必须克服更多更大的困难。

在一个小庙里,供奉着一尊花岗石做的佛像,小庙的台阶也是用同一个地方的花岗石做成的。每天,人们都从台阶上走过去祭拜佛像。时间长了,用作台阶的花岗石不服气,问佛像:"我们大家本来是兄弟,为什么人们踩着我去膜拜你呢?"佛像平静地回答:"因为你们只经过了四刀就走上了现在的岗位,而我是经历了千刀万剐,才终于成'佛'的。"这说明了什么?磨难越多,成就越大。

很多人并不知道,智慧和能力正是在突破种种艰难困苦的过程中得以提高的。事实上,生命的展开就是潜能开发的过程,当你踏上生命潜能开发之旅的时候,你将发现自己的无限潜能竟然蕴藏在前进道路上的各种各样的制约、烦恼与痛苦中,存在于自己努力逃避的、忽略的甚至不想遇见的艰难困苦中。也就是说,潜能是在我们努力突破制约、烦恼和痛苦等艰难困苦的过程中被激发出来的。

所以,生命每经历一次痛苦的过程去克服一个障碍,战胜一个困难,都会使我们的智慧和能力得到一定的提升;而且所克服的困难越大,我们的智慧和能力提升得越多。这就是说,只有通过解决实际的问题、克服现实的障碍，才能使我们的智慧和能力不断地得到提升。

不能让自己受的苦白受

有人曾问马云：你如何定义成功？马云的回答可谓别开生面，他说：我不知道什么叫成功，但是我知道什么是失败。放弃了就是失败；如果你有梦想，并且永不放弃，就有成功的可能。人生是一种经历，成功在于你克服了多少困难，经历了多少灾难，而不是你取得了什么结果。等到 80 岁时，我希望可以对我的孙子说：你爷爷这一辈子经历了多少，而不是取得了多少。

当我们经受了诸多苦难的时候，我们应该思考从中收获到什么。我们应该怎么去对待曾经的苦难，然后思考怎样继续以后的生活。如果我们什么收获都没有，那么我们受的这些苦真的就白受了。经历过苦难，可以把苦难当作一笔财富，让自己以后的生活变得更加美好和灿烂。

还记得刚开始经营美体内衣跑销售的日子。那个时候，跟我一起干的姐妹们都撤了，她们又回到了自己的美容店。可是我已经彻底停了美容店，也就没有退路了，只好自己一个人继续跑销售。我当时发誓说：若不成功，誓不罢休！

其实，做销售就面临着不停地被人拒绝。有一次在新乡，我在外面跑了一天，也顶着大太阳在外面晒了一天，甚至都热中暑了。

晚上，我找到一家小旅店住宿，里边没有空调，只有电扇。冲了个凉水澡，又被电扇扇了一宿，早上起来时，我一边的腿和胳膊都不会动了。

当时住店的费用是一宿58元。对我来说如果耽误一天的话，即使是58元一宿的费用也是难以承受的。所以不管什么情况，我都要挣扎起来。怎么办？面对半身不遂的身体状况，我只好从床上硬翻到地上。然后手扶床边，慢慢来回走动锻炼自己。很长时间，我才能一瘸一拐地下楼。在周围找了一家按摩店，刮了痧，拔了罐，背上、腰上缠上保鲜膜，又去美容院谈业务。虽然我表面上故作镇静，其实身体非常不舒服，骨头都在痛。当我站起来离开的时候，屁股下边的圆木凳子上都积了一汪水。当然，这汪水是我疼痛难忍流下来的汗水。我怕别人误会是我尿裤子了，那多没面子！其实比没面子更可怕的，是难以忍耐的痛苦。

当时，我甚至想到唐僧取经的故事，想到唐僧经历了九九八十一难，才取得了真经。我这才多大的难，我一定要成功，我一定要去完成我的梦想！

那个时候，我每天晚上回来都喊我的目标，疯狂地喊我的目标！下面的老太太说："你看这个姑娘，白天的时候这么精神！一到晚上病了，简直就是个精神病！"

那个时候，我们每年回老家过年。晚上12点放鞭炮的时候，我就喊我的目标："我一定要成功，我一定要成功！"

我老公就捂着我的嘴巴，因为周围都是人，他怕让人家说我是个疯子。大年初二，我们一家人回我的娘家。因为有那个激情，我就把窗户打开喊我的目标。女儿叫喊爸爸："赶快把窗户关起来，别让人家听到我妈'发疯'的声音！"

可以说，人和人之间最大的区别，在于日复一日年复一年的点滴努力汇聚成最后巨大的无法逾越的鸿沟。尤其是在苦难中，更应该沉下心来汇聚点滴努力以成就自己的优势。

美国的《成功》杂志每年都会报道当年最伟大的东山再起者和创业者，他们的传奇经历中有一个相同的部分，那就是他们在遇到强大的困难和逆境时始终保持乐观的态度，从不轻言放弃。

比如，可口可乐的总裁古兹·维塔就是一个高逆商的人，他的一生经历了无数的坎坷，但都一次又一次地被他战胜了。这位著名的古巴人40年前随全家人匆匆逃离古巴，来到美国，身上只带了40美元和100张可口可乐的股票。40年后，这位古巴人竟然能够领导可口可乐公司，让这家公司在他退休时股票增长了7倍！整个可口可乐价值增长了30倍！古兹·维塔在总结自己的成功历程时讲了这样一句话：一个人即使走到了绝境，只要有坚定的信念，抱着必胜的决心，就仍然还有成功的可能。

中国人中也有这样的事例，比如褚时健。

褚时健曾经被称为烟草大王，后来被称为橙王。他经历了比其他企业家更多的风风雨雨，一路走来历经坎坷但却屡创商业奇迹。如果说过去的褚时健成为烟草大王，或许还有一些体制内的因素，但谁能像褚时健一样，在70岁高龄重新白手起家，种植水果也能非同一般地成功，并成为柳传志、潘石屹等商业大佬的效仿对象。万科董事长王石对褚时健十分钦佩，甚至称自己是褚时健的粉丝。

人们对于逆境并不陌生，我们的生活总是在不断地遭遇和克服无穷无尽的逆境中度过的。真正成功的人，并不是因为他们经历的逆境少，而是恰恰相反，实际上，许多成功者正是在逆境、困难的磨炼中成长起来的。逆境是生活的一部分，逃避逆境等于逃避生活。正如巴顿将军所说：衡量一个人成功的标准，不是看这个人站在顶峰时的风光，而是看这个人从顶峰跌到低谷时的反弹。

是的，吃苦不要紧，关键是吃苦之后要去思考，接下来该怎么做。从困境中找到努力的方向，然后大踏步走向人生的正道，实现自己的梦想。

没错，苦难与幸福是相反的东西，但它们有一个共同之处，就是都直接和灵魂有关，并且都牵涉对生命意义的评价。通常情况下，我们的灵魂是沉睡着的，一旦我们感到幸福或遭到苦难时，它便醒来了。一种东西能够把灵魂震醒，使之处于虽然痛苦却富有生机的紧张状态，应当说必具有某种精神价值。

对于沉溺于眼前琐屑享受的人，不足以言真正的欢乐。对于沉溺于眼前琐屑烦恼的人，不足以言真正的痛苦。为了让自己能够配得上自己所受的苦，每个人都应当进行某种程度的反视和回溯，并且在当时和未来都做出正确的努力，开展正确的行动。

第三章 热爱可以跨越一切障碍

行动是治疗痛苦的良药

在成长的历程中,我们必然会遇到很多伤心难过的事情。我们首先应该以积极乐观的心情去面对,说得通俗一点儿,就是"想开点"。

当然,肯定有那么一些事情是没办法想得开的,至少在短时间内让自己想通是不可能的,只有感情完全麻木的人才会完全避免伤感。对于这种实在无法想通的伤心事,应该怎么办呢?应该行动。也就是说让自己忙碌起来,把注意力转移到别的事情上去。等你忙完了手头的事情之后再来想想,你会发现心中悲伤的情绪已经消退了。

痛苦,有的时候像滚雪球,你越是不克制,让它顺着山坡滚,它就越滚越大,越滚越快,最后你根本无法让它停下来。

其实,行动比思想更能控制自己的情感,行动是医治痛苦的良药。每个人都知道,心情的变化可以影响一个人的行动。但是很少有人知道,相反的命题也同样成立,一个人的行动可以影响他的心情。

威廉·詹姆斯这样说道:行动似乎跟着感觉走,其实行动与感觉是并存的,大多都以意志控制行动,也就能间接控制感觉。如果你不开心,那么,要想变得开心,唯一办法是开心地坐直身体,并且装作很开心的样子说话和行动。

戴尔·卡耐基这样评价詹姆斯的这句话：太简单的小魔法，真的有效吗？你自己去试试看吧！先在你的脸上展现出一个真正的微笑，放松肩膀，好好地深吸一口气，再唱首歌，如果不会唱就吹口哨，不会吹口哨的就哼小曲。很快地，你就会明白威廉·詹姆斯的意思，如果你的行为散发的是快乐，就不可能在心理上保持忧愁。

没错，行动是医治人间一切病痛和疾苦的万应良药。清华大学里流传着这么一句话：当你郁闷的时候，去跑步吧；当你快乐的时候，去跑步吧；当你不知道做什么的时候，去跑步吧。跑步能让你精神焕发，跑步能让你青春永驻，跑步能让你知道你所拥有的力量。

如果你感到痛苦，你不应该独自忧伤，可以去跑跑步，可以去找个朋友吃一顿饭，也可以找出一本你平时很爱读的书来读一读，或者你去告诉家人，今天的家务由你来做。总之让自己保持忙碌，你就能有效地克服痛苦。

自从我辍学以后，从做小买卖、开理发店、开美容美发店、开针灸减肥店，一直到开公司经营美体内衣，中间所经历过的痛苦实在是数不胜数。当然，我也没有什么特别好的应对办法，就只有通过行动和忙碌来疗伤。人一忙起来，自然而然要关注正在忙的事情，也就没有闲心去咂摸痛苦了。其实一路走来，再回过头去看那些曾经让我痛不欲生的痛苦，又算得了什么呢？如果总是能站在这样的精神高度来看待痛苦，那么我们的人生就会乐观得多。

关于立刻行动，请记住三句话，当你明确了自己的目标后，立刻行动吧！因为它是实现目标的关键；当你不知道自己的目标的时候，立刻行动吧！因为它能帮助你找到自己的目标；当你感到悲伤的时候，立刻行动吧！因为它能帮助你摆脱忧伤，重新振作。

有一句话说得好：夜里想路千千万，白天照样拉磨转。就是说，光想不行，关键是行动。行动才能改变现实。

有一个小故事说，一个人天天求神拜佛想发财，最后神佛托梦说："你天天拜我，我都知道。但是，你连一张六合彩都不买，我怎么帮你呀！"

你看看，人要是光想不动，谁都帮不了你。

当然，要行动就会遇到困难。而遇到困难，就要积极解决困难。如果我们想要解决困难，解决困难的方法就在困难里面。

至于具体方法，我们应该考虑到以下几个方面：

其一，充分了解困难的现实情况。

其二，要发现引发困难现况的原因。什么事情都有原因，所谓事出必有因。所以，我们要发现引发困难、造成困难的原因是什么。困难的原因在哪里发现呢？得在困难的现况里面去看清。

其三，改变或消除困难的原因，就能改变或消除困难。所谓"解铃还须系铃人"，就是这个道理。有困难的原因，才有困难；消除困难的原因，困难才会消除。有人说，要消除困难的原因，现在做不到啊！其实，消除困难的原因，不会一步到位；不能消除，就改变它。改变了它以后，困难的方式、困难的内容也会跟着改变。只要有所作为，就会有所改变；只要有所改变，困难的原因就会跟着改变；困难的原因只要改变，你就有机会消除、改变以后的原因。如果你现在没办法，千万别放弃。做点什么，就会改变。先改变一点点；再做一些，再改变一点点；再做一些，再改变一点点。

改变了几次以后呢，你就有机会彻底解决困难啦！

举例说，我们要吃罐头，就先要将盖子转开。如果很紧转不开，可以拿菜刀在瓶盖上敲一敲、打一打。为什么这么做？就是在改变因缘条件。敲一敲，改变一下；再敲一敲，改变一下，然后一转就转开了。所以要切记这件事情：消除困难的原因，才能消除困难；若不能消除，就先改变，改变以后就有机会消除。

其四，确立改变或消除困难原因的行动步骤。这个确立了，才有所谓的行动指南。

有路才能逃，没有退路只能前行

19世纪，英国文学家狄更斯在其传世之作《双城记》里，对高速发展的英国，发出了慨叹：这是最好的时代，这是最坏的时代；这是智慧的时代，这是愚蠢的时代；这是信仰的时期，这是怀疑的时期；这是光明的季节，这是黑暗的季节；这是希望之春，这是失望之冬；人们面前有着各样事物，人们面前一无所有；人们正在直登天堂，人们正在直下地狱。

在这个世界上，谁最可靠？没有别人，只有自己。改变痛苦，不改变更痛苦，所以，我们应该逼着自己去改变。

成功难，不成功更难，所以逼着自己去迎接困难，最后努力把自己逼成功！

孙子兵法中有"围三阙一"或者叫"围师必阙"的原则，强调包围敌人时要虚留缺口。

为什么胜利唾手可得了，还要给敌人留下逃生之路呢？按常规来说，这实在是不可思议。然而，如果仔细想一想，便不难理解孙子这一主张的奥妙所在。通常，无论在野战阵地还是在城寨防守作战中，面临被围境地的敌人，很可能出现三种想法，一是投降，二是死战。大多数人都有第三种想法：观望，听命于指挥官。

在这种情况下，如果四面合围敌人，就可能促使敌军指挥官下定拼个鱼死网破的决心。相反，如果故意留一个缺口，就可能使敌军指挥官在逃跑还是死战之间摇摆不定，同时也使得敌军士兵斗志涣散。

可见，人在有退路的时候，是很难做到全力以赴的。正因如此，才有项羽的破釜沉舟，也才有韩信的背水一战。这其实就是兵法上所说的"陷之死地而后生，置之亡地而后存"。

现实中，很多人都不能在关键时刻做出抉择。原因何在？——关键是有退路！反正，不突破目前的困境也能过；不突破还不至于流浪街头走投无路；不突破还可以继续维持现状。退路在，出路就找不到！

我做美体内衣经营的时候，就是采用了破釜沉舟的策略。我首先停下了原来的针灸减肥生意，全身心扑在美体内衣经营上。那个时候，我们的团队一共9个人，都是美容院的老板。在巩义，就首先离开了一个。我们剩下的8个人出去跑销售，然后再到新乡、漯河，很快剩下的人也都陆续走了，最后只剩我一个人。这些人都有退路，她们退出还可以干美容院。我没有退路，属于退无可退，所以只能勇往直前。不成功的话，一切都没有了，所以只能成功。

古希腊有个著名的演说家戴摩西尼，他生下来就口吃，总是不能表达自己的见解。为了克服这个生理缺陷，戴摩西尼常把石子放在嘴里，跑到海边，面对大海练习演讲，天天如此，居然把口吃的毛病改掉了。

年轻的时候，他为了快速提高自己的演说能力，躲在一个地下室练习口才。由于耐不住寂寞，他时不时就想出去溜达溜达，心总也静不下来，练习的效果很差。无奈之下，他横下心，挥动剪刀把自己的头发剪去一半，变成了怪模怪样的"阴阳头"。这样一来，因为羞于见人，他只好一心一意地练口才，演讲水平突飞猛进。正是凭着这种专心执着的精神，戴摩西尼最终成为世界闻名的大演说家。

很多人都知道《逻辑思维》的罗振宇。他曾经在2000多天里，每天早上6点都坚持发一条60秒的语音，一秒不多一秒不少，这对于常人来说是很难做到的，况且2000多天中从没有任何一天中断过。最初发音频时，他的粉丝只有办公室五名同事，在坚持到三个月的时候，他实在坚持不下去了，一心一意只想放弃。但是打开微信后台一看，已经有几万人了，这时他想放弃都不行了。这种外部的力量驱动着他不停地坚持下去，也使他在今天有了2000多天的坚持，拥有了1200万的粉丝。

一个人要想干好一件事情，成就一番事业，就必须心无旁骛、全神贯注地追逐既定的目标。但人都有惰性，有太多欲望，有时难免战胜不了身心的倦怠，抵御不住世俗的诱惑，割舍不下寻常的享乐。一些人因此半途而废，功亏一篑。这时候，不妨学学戴摩西尼和罗振宇的精神。一旦没有退路可逃，就只能一门心思地朝前奔了。

把自己逼到没有退路，前进就成了唯一的选择。

追梦人，世界都会为你让路

洞悉人性弱点，发扬自身优点

有道是，人非圣贤，孰能无过。其实，每个人都是优点和弱点的复合体，我个人自然也不例外。

人性的弱点有很多，比如贪婪、自私、妒忌、好逸恶劳、优柔寡断、虚荣、胆小、刚愎自用、猜忌、悲观、膨胀……

具体说来，比如——

1. 幻想——思想的巨人，行动的矮子。当人遇到挫折或难以解决的问题时，便脱离实际，想入非非，把自己放到想象的世界中，企图以虚构的方式应付挫折，获得满足。

2. 消极——对现实的困难退缩与逃避。消极的人往往给人一种不慕名利的虚假印象，其实他们的内心是极度空虚的，对待事情也是消极的。

3. 多疑——无中生有的心灵枷锁。古语有云："长相知，不相疑。"其实这句话也可反过来说，不相疑，才能长相知。但是猜疑是人性的弱点之一，也一直都是害人害己的祸根。

4. 自闭——画地为牢，把世界关在门外。把自己封闭起来，可以躲避风雨，但是阳光也进不来了。一个能够打开心扉、迎接阳光的人，是永远不会自闭的。

5. 偏执——偏重于自我的执着。有主见，有头脑，不随声附和，不与世沉浮，这无疑是值得称道的好品质，但是应该以不执己见、不偏激执拗为前提。

6.急功近利——不思长远的"近视眼"。急功近利的人目光短浅，一叶障目，不见泰山，只要闻到芝麻香，就会忘却西瓜甜。这种人的视野只能看到眼前，所谓"头痛医头，脚痛医脚"，是急功近利者一贯的行为方式。

7.贪婪——心灵的贫穷，灾祸的根源。人在现实中生活，不可能没有欲望，但是欲壑难填，对金钱的欲望，使很多人变得贪婪无比。诚然，金钱是人们生活的基本保障，但是在解决生活所需之后，不能一味地贪求。

8.嫉妒——诋毁别人的成就，暴露自己的无能。嫉妒是人心上的肿瘤。嫉妒可以让美丽的人变得丑陋无比，可以让热情的人变得冷若冰霜。

9.固执——盘踞于心灵的愚昧根源。固执是一种坚持成见、不懂得变通的心理现象。人对事物的认知，以及对事物价值的评判，都要通过自己的价值观来完成，这本身就带有极其浓郁的主观色彩。

10.虚荣——一切恶行，往往都围绕虚荣心而生。

11.盲从——失去自我的可怜人。很多人都会盲目地追求大众潮流，这是很多人都具有的心理特征，同时也是一个非常危险的心灵陷阱。

12.自我设限——杀死你的潜能力。上帝只拯救能够自救的人。成功属于愿意成功的人。狭隘的心理是阻碍人前进的障碍，很多时候，一个人的失败并不是受客观环境的影响，而是自我设限的心理注定了不能成功。

13. 侥幸——自我欺骗的放纵。侥幸心理是一种非常不健康的心理，这种心理使人的思想受到蒙蔽，从而无法做出正确的判断，甚至迷失方向。久而久之，人们的思想便会在不知不觉中发生变化。

14. 失去目标——斗志的迷失。失败是不需要计划的，而成功则需要一个周密的计划并一步一步地去实践它。古今中外，大凡事业有所成就者都具备两点：一是自己有着清晰的事业目标；二是朝着目标不停地奋斗。

15. 忧虑——成功大师卡耐基曾说：忧虑像把锁，它能把人"锁"得心慌意乱。打开忧虑之锁的"钥匙"是：看清事实，分析情况和付诸行动。

16. 拖延——对于一个人品格的锻炼，可是致命的打击。有这种弱点的人，从来没有毅力。这种弱点，可以破坏一个人对自己的信赖，可以破坏他的判断力，并有害于他的精神能力。要成就事业，必须学会当机立断，使你的正确决断，坚定、稳固得像山一样。正如耐克所诉求的：不要左顾右盼，勇敢去做。

积累我几十年的人生经验和经营管理经验，我觉得人生的目的，就是洞悉别人的人性弱点，发扬自己的人性优点。简单说，就是以责人之心责己，以恕己之心恕人。努力克服上面所罗列的缺点，进而改变为相应的优点。具体来说，就是化幻想为行动力，化消极为乐观，化多疑为信任，化自闭为开放，化偏执为从善如流，化急功近利为目光长远，化贪婪为自制，化嫉妒为与人为善，化固执为随和，化虚荣为务实，化盲从为慎思，化自我设限为放开心量，化侥幸为踏实，化失去目标为周密谋划，化忧虑为理性思维，化拖延为决断。但是，对他人的缺点应该多多体谅，尽量体现人性化管理方式。

　　同时，在此基础上要努力地遏恶扬善，鼓励他人克服缺点，发扬优点。我们要知道，会做人的人才会做大事，不会做人的人，一辈子做小事。人之所以为人，做人是基本条件，所以道德是最高的要求。

　　事实上，我们内心的平静和我们从生活中所得到的快乐，并不取决于我们在哪里，或我们有什么，或我们是什么人，而只取决于我们的心境如何。

　　我们在生活和工作中要多为他人着想，努力帮助别人，而且施恩不图报。要谨记三点：一是不要因为别人的忘恩负义而忧伤；二是要认为这是一件自然的事，即对人施恩勿望回报，只为施恩的快乐而施恩；三是自己肯于吃亏，让别人赚便宜。李嘉诚跟人合伙做生意，讲好了五五分成，最后兑现的时候总要给对方多一点。这样一来，人们都愿意和他做生意。

　　赢得人心的方法非常简单，无非是与人为善，不求回报；结果越是付出得多，越是收获得多。

第四章
改变心态,进而改变命运

追梦人，世界都会为你让路

据说，在英国威斯敏斯特大教堂有一块无名墓碑，因为上面碑铭极具震撼力，而被称为一块震撼世界的墓碑。

在这块墓碑上，刻着一段话——

当我年轻的时候，我的想象力从没有受到过限制，我梦想改变这个世界。

当我成熟以后，我发现我不能改变这个世界，我将目光缩短了些，决定只改变我的国家。

当我进入暮年后，我发现我不能改变我的国家，我的最后愿望仅仅是改变一下我的家庭。但是，这也不可能。

当我躺在床上，行将就木时，我突然意识到，如果一开始，我仅仅去改变自己，然后作为一个榜样，我可能改变我的家庭，在家人的帮助和鼓励下，我可能为国家做些事情。然后谁知道呢？我甚至可能改变这个世界。

据说，许多世界政要和名人看到这块碑文时都感慨不已。有人说这是一篇人生的教义，有人说这是灵魂的一种自省。

无名墓碑告诉我们，改变世界首先要改变自己，改变自己的命运当然更是如此了。其实，一个人要改变自己的命运，重要的是要改变自己，改变自己的心态，进而才能改变自己的环境，这样命运也会随之改变。

一切都可以是最好的安排

我们总爱祝福别人"万事如意"。其实,这不过是一个美好的祝愿而已,人生不如意的事情太多了。

一位诗人说过:我们常常为错过一些东西而感到惋惜,但其实,人生的玄妙常常超出你的预料。无论什么时候,你都要相信,一切都是最好的安排。

曾经看过一个小故事,说有一个小孩看到一只蝴蝶正艰难地破茧而出,顿生怜悯之心,拿剪刀帮助蝴蝶剪开那层茧。可是,那只蝴蝶拖着沉重的翅膀,无论如何都飞不起来,很快就死掉了。原来,蝴蝶只有通过自己的努力破茧而出,才真正具备生存的资格,谁帮它就等于害了它。

据说,当海龟出生的时候,必须从海滩上的洞里爬到海里,而这途中可能会遭到老鹰的攻击。一位游客看到一只小海龟从洞里爬向大海,而一群老鹰立即上前攻击它,于是好心地帮小海龟赶走了老鹰,但在他离开之后,一群小海龟从洞里蜂拥而出,奔向大海。原来,一开始的那只小海龟是"侦察兵"。见此情形,伺机而动的老鹰们马上飞扑了过去,这群小海龟死伤惨重。可见,尊重动物的生存法则,才是最重要的。

在我个人来说,出生于贫苦的乡村农家,从少年时代缺衣少食,无奈辍学做小生意,到一次次的转行,成立公司以后还在辛苦

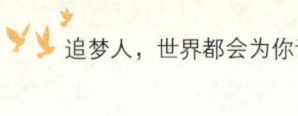 追梦人，世界都会为你让路

奔波，期间所受过的苦楚简直车载斗量。虽然也苦恼过、焦虑过，但是现在回过头来看看，我觉得一切都是最好的安排，都在为美好的未来而准备着。

我想说的是，当我们身处窘境，觉得诸事不顺，一切都成泡影，心生失望之念时，不妨换个角度看这个事情，并且奉告自己：统统都是最好的支配，休咎相依，安知将来不会产生欣喜的转变呢？

有个国王爱好狩猎，常与宰相微服私访。宰相最常挂在嘴边的一句话便是"统统都是最好的安排"。

国王到丛林狩猎，一箭射倒一只花豹。国王上前检视花豹。谁想到，花豹使出最后的力量，扑向国王，将国王的小指咬掉了一截。

国王叫宰相一起来借酒浇愁，谁知宰相却微笑着说："大王啊，想开一点，统统都是最好的安排！"国王听了很恼怒："假如寡人把你关进牢狱，这也是最好的安排？"宰相微笑说："假如真是如此，我也笃信这是最好的安排。"国王盛怒，派人将宰相押入牢狱。

一个月后，国王养好伤，单独出游。他到了一处偏远的山林，猛然从山上冲下一队土著人，把他五花大绑，带回部落。

山上的原始部落每逢月圆之日就会下山，探求祭奠满月女神的牺牲品，土著人准备将国王烧死，祭祀满月女神。

正当国王绝望之时，祭司忽然大惊失色，他发现国王的小指头少了小半截，是个并不完美的祭品，收到这样的祭品满月女神会发怒，于是土著人将国王放了。

国王大喜若狂，回宫后叫人释放宰相，摆酒宴请，国王向宰相敬酒说:"你说的真是一点也不错,果然,一切都是最好的安排!如果不是被花豹咬一口,今天连命都没了。"

国王忽然想到什么,问宰相:"可是你无缘无故在监狱里蹲了一个多月,这又怎么说呢?"

宰相慢条斯理地喝下一口酒,才说:"如果我不是在监狱里,那么陪伴您微服私巡的人一定是我,当土著人发现国王您不适合祭祀,那岂不是就轮到我了?"国王忍不住哈哈大笑,说:"果然没错,一切都是最好的安排!"

这个故事在告诉我们一个事理:当我们碰到不如意的事,这一切也许是一种最好的安排!不要烦恼,不要丧气,更不要只看临时。把目光放远,把人生视线加大,不要怨天尤人,总要相信天无绝人之路。

是的,某段极度艰难的时期,却常常在人生的某个节点上不期而至。扛过去了,"但凡不能杀死你的,最终都会让你更加强大"。只是至暗时刻并非一般的困难挫折,鲁豫在《偶遇》中说:"无论是谁,我们都曾经或正在经历各自的人生至暗时刻,那是一条漫长、黝黑、阴冷、令人绝望的隧道。"

比如我在刚刚进城接手美容美发店的时候,在成立旗娟公司准备做美体内衣经营之后,都是我的人生至暗时刻。但是无论如何,我都咬紧牙关挺过来了。挺不过来又能怎么样呢?那就彻底玩完了。

既然如此,我们何不学学高人的智慧呢?

1925年初秋,弘一法师因战事而滞留宁波七塔寺。

一天,他的老友夏丏尊来拜访。看到弘一法师吃饭时,只有一盘咸菜,夏丏尊不忍地问:"难道这咸菜不会太咸吗?"

"咸有咸的味道。"弘一大师回答道。

吃完饭后，弘一大师倒了一杯白开水喝。

夏丏尊又问："没有茶叶吗？怎么喝这平淡的白开水？"

弘一大师笑着说："开水虽淡，淡也有淡的味道。"

弘一大师的境界就在于他有一颗随咸随淡的心，一个人的心灵能够不随外物而转，就已经达到心智的自由了。

大千世界，茫茫人海，无论我们走到哪里，经历了什么样的经历，遇见了什么样的人，发生了怎样的故事，一切都是该发生的事，一切都是该路过的风景，一切也都是我们该到达的远方。如果一切都是最好的安排，那就一切顺其自然吧。

同样的事情，不同的定义

同样的事，从不同的角度看会有不同的结果。同样的事，以不同的态度去做亦会有不同的结果。有时，不同的并不是事情本身，而是人的心态与做事的方法。

中国有一个古老的"朝三暮四"的成语故事。有一年碰上粮食歉收，养猴子的人对猴子说："现在粮食不够了，必须节约点吃。每天早晨吃三颗橡子，晚上吃四颗，怎么样？"这群猴子听了非常生气，吵吵嚷嚷说："太少了！怎么早晨吃的还没晚上多？"养猴子的人连忙说："那么每天早晨吃四颗，晚上吃三颗，怎么样？"这群猴子听了都高兴起来，觉得早晨吃的比晚上多了，自己的抗议获得了胜利。

看这个故事，人们都会倾向于嘲笑猴子的不识数。其实，人们很少从积极的一面去想问题。

态度决定结果，不同的态度一定会出现不同的结果。如果能转变自己的态度，平淡而乐观地去对待人生中发生的一切事情，那么，就完全有理由相信其结果一定会是万事如意。

美国前总统艾森豪威尔的母亲十分喜欢打牌，闲的时候总是把子女们拉在一起玩上几把。

小时候，艾森豪威尔玩牌有个特点，就是拿到好牌的时候兴致特别高，而抓到坏牌的时候就打不起精神，有时甚至弃牌不玩。

这个习惯很让大家扫兴，母亲对此很担忧，总想着找机会教育他一番。

有一次玩牌的时候，艾森豪威尔连抓了几把坏牌，便又开始抱怨起来。

母亲抓住这个机会对他进行教育："发牌的是上帝，不管什么牌你都得拿着，抓着坏牌抱怨是没有用的，你只有想方设法把它打好……"这次教育让他铭记终生。

就我个人来说，从小到大抓到的牌总是坏牌多好牌少，好在我从来没有气馁过，因为气馁也没有什么用处。是的，总是抱怨坏牌是没有用的，我们只有想方设法把它打好才最重要。

事在人为，只有调整好心态，才能把一把坏牌打成一把好牌。

美国加州有一位农民，花了许多钱买下一块土地，但是这块土地贫瘠到种不了任何农作物，他的心情非常沮丧。

有一天，他突然发现在矮灌木丛中竟然藏着许多响尾蛇。他灵机一动，决定在这块恶劣的土地大量饲养响尾蛇，生产响尾蛇罐头。此外,他还将大量蛇的毒液提取出来作为血清销售。他的生意好极了。

后来,他又把自己的农场开发成专供探险和观光的旅游基地,引来了世界各地的游客。农夫所购买的土地,贫瘠的缺陷并没有改变,改变的是农夫自己。

不同的态度,不同的努力,不同的结果,不同的人生。

古人说:勿以善小而不为,勿以恶小而为之。

恶,是一种负面的状态,带给彼此不好的感受;善,是一种阳光的状态,温暖着彼此。即使在寒冷的冬季,不顺的人生,也会因为善带来的温暖,最终激励自己拥有走出困境的动力。

在日常生活中,即使我们没有做过坏事情,但是如果我们每天都处在负面的能量中,并且持续这种负面能量,带给身边的人不舒服的感受,干扰到了别人的情绪和行为,实际就是在做坏事情,就是一种恶。

负能量是看不见的伤害,伤人于无形中,不仅仅给自己带来痛苦与疾病,还会给身边的人带去痛苦与疾病,而给别人、自己带来痛苦不也是恶吗?

一个人持续地陷入负面思维之中,引发持续的负面行为,最终会把自己的心埋进情绪的坑里,把自己的身葬在生活的坑里,击垮自己,击伤身边的人,远离爱与幸福。

这个世界上每一件事情的发生,都有多面性,是我们对待事物的态度决定了事物的发展方向与结果。改变不了事情,那就改变我们对待事情的态度,让自己的心好过,也是一种行善!

可以没文凭，不可以没文化

"可以没文凭，但不可以没文化。"这是郭德纲的学习态度，也折射到他对儿子的教育上。

郭德纲的儿子郭麒麟初中毕业后就没再继续上学，但郭德纲对儿子秉持"在学校不读书，在家一定要读书"的教育原则。在一次采访中，他提到给儿子布置家庭作业时说："最近留的功课就是读一读《二十四史》，读《清史稿》，读完这些东西，我给不了他文凭，但是这些东西一定会让我儿子受用终生的。"

郭德纲的微博和相声中，经常提到读《论语》《史记》《明史》之类的话。他喜欢读史，《二十四史》里偏重于《明史》，也看野史和民间笔记，正史、野史对照着看，观点常有不同于流俗之处。

"我看史为了丰富自己的头脑，为了了解人生是怎么回事。"在郭德纲的性格养成中，除了"一路坎坷"的人生，对历史和传统文化的熟稔，也起了关键的作用。

除此而外，郭德纲爱看书，也直接影响了他的人生走向。有句老话：演员的肚子，杂货铺子。郭德纲在舞台和文字上的挥洒自如，源于当年在天津时，老先生们在书场茶馆、在家中斗室，娓娓道来口口相传的趣闻逸事；来源于他收集钻研半生的评书、大鼓曲词、评戏京剧的各种台本；来源于他在北京成名生活日渐安定后，闲暇时间的海量阅读；也来源于他在这几十年里遇到的人、听到的事。

说郭德纲，当然是为了说学习的重要性。我个人在学校读书很少，那个时候也不爱读书，不是什么好学生。但是走向社会以后，越在社会上打拼，越觉得读书和学习的重要性。这些年来，我参加过很多培训学习，拜访过很多高人名师，也读过很多书。虽然比不上郭德纲，但自己跟自己比起来，还是比较引以为豪的，因为确实从读书学习中汲取到大量的人生营养，也为自己的事业注入了持续不断的精神动力。

一般来说，学习一般有四种途径：人、事、网、书。

人——就是跟人学习。可以跟身边的"高人"学，也可以从熟悉的朋友那里找到一些值得学习的点。

事——边做事边学习。通常我们在工作中很难进行系统学习，因为在埋头做事情的时候并没有形成体系，仅从做事情的角度学习，很难获得持续、系统的成长。

网——就是通过网络学习，主要是指学习碎片化知识。比如看一些公众号文章、新闻媒体，还有App（知乎、得到等），它们的模式通常是每天推送一篇文章。

书——就是阅读图书。阅读的优势很明显，比其他几种方式更简单，成本也更低，而且阅读的系统化程度很高，随便拿起一本书，作者一定会比较系统地告诉你一些东西，这是书本天生具备的特性。

尤其是在这个互联网时代，不重视学习就很难跟上时代的步伐。具体来说，互联网时代学习面临着诸多挑战：其一是信息的传递方式变了；其二是学习的路径和方式变得非常多元；其三是没有什么最佳实践案例，因为环境一直处于动态变化中；其四是不确定性。

面对这样的时代，我们想要有一个丰满的人生，就需要一个好的自我设计。自我设计的目的，是规划出一个理想的"我"，作为自己努力奋斗的目标。这个理想的"我"，包括对自己的职业、性格的设计，对人生、对世界的态度。

而作为企业的管理者，一定要成为企业的布道者。互联网时代所具有的不确定性，使得组织成员会受到很多信息的干扰，员工价值观的多元化，让组织管理也遭遇到前所未有的外部影响，一些是正向的，一些是负向的，还有一些似是而非的，这就需要领导者能够让组织成员明确并获得坚定的价值判断。而对于员工热情的激发，正是领导人需要做到的事情。

对于组织所要面对的不确定性和变化的复杂性，要求领导者具备坚定的信念和明确的价值判断。管理者做一个布道者，就是不断地让成员可以意识到危机，可以观察到变化，可以寻找到自己的价值判断，并能够清晰地指引行动，并带来变化。

同时，还要激活自我，让知识为自我赋能。想进入新的知识领域，就要把过去形成的观念摆脱掉，放空自己；借用别人的优势，会使你非常强大；学习未知，不管学习得是否准确，但你要有学习未知的能力。

此外，读书可以带来全新的生活体验。因为读书，拥有了认知世界的能力；因为读书，拥有了前行的方法；因为读书，可以与伟人交流；因为读书，我们拥有属于自己的知识、判断和见解。

第四章　改变心态，进而改变命运

努力把自己变成最好的模样

每个人都有一种能力，一种只有努力才能实现自己人生价值的能力，这能力就隐藏在你的努力中。如果你懒惰，不思进取，不勤奋努力，那么这个能力就让你把自己生生地隐埋了，使你即使耗费掉一生的光阴，也不能实现心中自己想活出的样子。

当我们无法准确把握外界环境的时候，唯一能够把握的，就是变成最好的自己。在一生之中，我们经常要做出一些重大的抉择，而且这种抉择往往会影响一生，也会影响着我们对周遭环境的态度。很多时候，我们在选定好的道路上走过一段后才发现，这条路并不适合自己，于是便开始后悔自己当初的选择。所以，站在人生的十字路口上，最重要的就是做出正确的选择，让自己变得越来越好。

我们无法主宰别人的命运，也无法改变周遭的环境，我们能改变的就只有自己，那么我们就要好好地把握自己，在面对人生的十字路口的时候做出正确的选择，让自己变得越来越优秀。

随着年龄的增长，我们能够选择的机会会变得越来越少，但是至少在还能选择时，我们一定要选择那条正确的道路，让自己一点一点变得美好起来。

其实，只要你肯努力，那些你羡慕渴望的机遇，也许就会在你不经意的时候，来到你的面前，你若懂得把握，并继续努力，相信

追梦人,世界都会为你让路

对于你的理想，你会一步步接近，直到实现。机遇没有坐等的，很多时候，你羡慕那些被好运垂顾的人，以为是别人命好，其实，你哪里知道，好运气、好机遇都喜欢那些努力准备的人。

作为从事商业活动的经营者，必须具有根据社会变化而变化的新思维和新观念，绝不能对日新月异的社会变化产生恐惧；相反地，还应有一套切实可行的应变计划，以备不时之需，使自己能够敏锐地把握住生活中那些稍纵即逝的机会。

对于成功的经营者，很多人总是认为是上帝给他们提供了好运气，却很少看到他们在顺应潮流方面所做出的努力。

在我们的团队中有"四大天王"的美称，是说四位最能干的同事，其中一位叫田艳玲。这是一位文化水平只是小学、身高不足1.52米的娇小女人。她也是从农村出来的。她常说，小的时候能吃上一顿肉，就是全家人最开心的日子了。家里包一顿饺子，母亲只买上5毛钱的肉。

2013年在37岁那一年，她结识了我。那个时候，她是带着逃离经营美容业的满腹心酸，和对感情婚姻的强烈不满，走进聚贤公司的。经过四年时间的打拼，曾经一无所有的丑小鸭如今已经变成了实实在在的白天鹅，她不仅拥有了300多平方米的房子，价值300万元的车子，还拥有了人人羡慕的幸福生活。2017年11月，田艳玲在无锡开了一家聚贤的分公司。

六年多前的一个选择，不仅改变了田艳玲一家的命运，也改变了她家族的命运。她的弟弟因为在小县城做不锈钢生意而赔了钱，无奈借了高利贷。不但生意一天不如一天，还发生了有人偷偷卷款100多万元逃跑的事情。外债200万元全部都压在了她弟弟身上，这个数字简直是一个天文数字。走投无路时，弟弟找到田艳玲，田艳玲领着弟弟找到了聚贤。后来，她的弟弟成为聚贤一名优秀的国际形体设计师。等到赚到钱还了欠债后，这姐弟俩终于使因为儿子欠债都不敢出门买菜的父母抬起头来做人了。

努力把自己变成最好的模样，田家姐弟做到了，聚贤的很多人都做到了。

我们不妨再说远一点。20世纪60年代末，美国宇航员登上月球，揭开了人类发展史上崭新的一页。最初，登月的真相保密，人们将无法看到这一人类壮举。后来，美国政府突然决定向全世界转播登月实况。这条消息在各大小报纸上只是作为一般新闻加以报道。欧洲人、美国人当时都没有想到有什么生意可以赚到巨额利润。然而聪明的日本人却想：人们竞相看登月，不正是我们卖电视机的大好机会吗？一家电视机厂首先打出广告："看人类最伟大的壮举，用××牌电视机最清晰！"这一下立即引起连锁反应，全日本的电视机厂商都加入了这场广告大战。然后美国、欧洲商人也惊醒，纷纷参加竞争："人生难得一看的壮举，请用××电视机欣赏。"人类登月给经营者提供了绝好的成功机会，卖电视机仅为其中一项，它创造了巨大的经济效益，仅日本，一个月就销了500多万台黑白电视机和280多万台彩色电视机。

美国的一位百万富翁说："看到机会并不会自动地转化为钞票——其中还必须有其他因素。简单地说，你必须能够看到它，然后你必须相信你能抓住它。"

为什么有那么多人在开业的一两年中就失败了呢？其中肯定有机会方面的问题：大多数做生意的人并不真的清楚成功的可能性。

这并不在于你学了多少，学了多久——而在于你学了什么，所学的东西是否能很好地在做生意中起到作用，也要知道成功的机会可以有完全不同的结果。冒险打赌，你的大学文凭根本帮不了你的忙；想要获胜，也不会因你没上过大学、不懂英语、不是出生在美国而希望落空。

一个人的成功由多种因素构成，其中及时抓住机遇是关键因素之一。机遇只青睐于有准备的人。一个人努力是必要的，但是光知道傻努力，而没有机会来表现自己，或者机遇来了抓不住，也是非常可悲的事情。一个人必须要有充分的远见能力，只有这样才能及时抓住机遇。"在一个机会还没有显示出它的价值的时候，在别人都不以为意的时候，你能够发现它潜在的趋势。"一般来说，成功的人都有很强的远见力。

在这世界上，对于善于利用机会的人，到处都是门路，到处都有机会。实际上，许多人未能依靠自己的能力去争取美好的人生，虽然这种能力既给了强者，也给了弱者。我们不应一味依赖外界的帮助。即使本来就在眼前的东西，我们也要盯着高处寻找。

如果我们有雄心壮志，但不去努力实现，那它就不会保持勃勃的生机；如果你的智慧长期不使用，那它就会变得迟钝，直至丧失功能。我们怎么能指望自己的雄心壮志经过几年闲散、懒惰、冷漠的生活仍保持勃勃生机呢？如果我们总是让机会擦身而过，而不去努力抓住它们，那么我们的性情只会变得更迟钝、更懒惰。

你不要只是看起来很努力

很多人对别人的羡慕只是停留在最表层,他们仅仅感慨别人的生活真好,自己要是能过上那种生活该有多好,然后就没有下一步了,生活继续恢复到一边抱怨一边忍受的状态。

如果也想过上别人的那种生活,就得研究他们在实现梦想的路上做了哪些事,也应该明白所有人的成功都不是随随便便而来的,光鲜亮丽的背后多半是含辛茹苦和忍辱负重。

有一句话说得很好:"吃不了别人愿意吃的苦,就过不上别人拥有的惬意生活。"收获和付出总得是成正比的吧,没有春天的播种,又怎么能在秋天有所收获呢?即使春天播种了,也别想着夏天就能收获,成功同样需要等待和规律。

没有哪个人可以在取得成功的同时还能平衡好各个方面,成功往往需要付出很大代价,在一方面成功了,在另一方面必定就有所牺牲。明智的人应该在分清主次的前提下,有侧重地行动。

以我个人为例。2015年和2016年,好多事都要我去处理,所以行程排得非常满,每天不是在飞机上就是在动车上,真是特别辛苦。那时团队内部也出现了很多问题,有人说会议太多,能不能少开一次?有人说沙龙活动太多,能不能少办一次?还有外面挖我们的墙脚,甚至团队内部夫妻吵架也要我来调解。有一次我白天参加学习,晚上11点还要去一个夫妻吵架的家里去劝架,凌晨3点才开车回家。因疲惫过度一边开车一边打起瞌睡，撞到高速护栏上，好在没有发生大事。还有一次一直忙到早晨6点，第二天照常工作。

超负荷的高速运转，终于把我给累病在杭州。女儿来看我，并劝我不要再这样拼命了。她说："咱家的车、房什么都有了，你不需要再辛苦自己了。回家生活的费用3000元、5000元就够，收收房租就解决。为什么还这么拼命呢？"

听了女儿的话，我在床上坐了一夜，眼泪像断了线的珠子扑簌簌落下。我也曾经想过过退休的日子，但是我意识到我的身后还有一大群人时，而且还不光是他们自己，每个人背后又都是一大家子人。正是这些人的需求，使我产生了继续前行的动力。就是这股力量支撑我走到了今天，而且从来不知道什么是病。真的病倒了，打了针睡个觉，马上就好了。从2011年到2016年，我很少看电视，更不要说看电影了。我不想只是看起来很努力，而要用实实在在的努力去追求自己的成功、企业的成功和更多人的成功。

在追求成功的道路上，努力是必不可少的。然而，并不是所有的努力都会有所回报。很多人一直在努力，却依旧收效甚微，因为他们不懂得，付出是为了有所收获，而不是为了得到一句"你已经很努力了"的嘉奖。很多人看似勤奋，其实很多时候是在做无用的努力。没有准确的定位，没有用心的思考，没有踏实的行动，所谓的努力很可能只是别人眼中的"作秀"，既然毫无价值，获得成功就更无从谈起。

为什么你一直努力，却还是没有得到满意的成果？为什么你每天都很忙碌，却始终看不到终点？……你是真的努力了，还是，只是看起来很努力？

其实，很多人的努力只是在作秀而已，只是自己给自己一个安慰，你有没有真正付出努力只有自己明白，骗别人很容易，骗自己更容易，但是，骗这个世界就有点儿难了。

看起来每天熬夜，却只是拿着手机点了无数个赞；看起来在图书馆坐了一天，却真的只是坐了一天；看起来去了健身房，却只是在和帅哥、美女搭讪；看起来你是在做事情，却只是当一天和尚撞一天钟。

流行歌曲、网络游戏、搞笑电影、爆笑综艺、美国大片、国际选美、明星出书、美女作家……充斥在现实生活的每一个时刻和世界的每一个角落。当然，这些对于工作一天的我们有着舒缓工作压力、释放紧张情绪的润滑作用。但是，我们断不可沉迷其中，更不能三心二意，只有把正事先干完，才能适当地放松一下。

当你可以像刷短视频一样专注于一件工作时，你还会觉得你没有收获吗？

沉下心来读一部经典，比你看再多笑话都有用，与高手同行，感受他们的不朽灵魂，在潜移默化中会影响、改变一个人的品位、思想、心灵、精神，乃至于人格。

所以，不要再强调自己有多努力，努力不可怕，可怕的是比你优秀的人比你更努力。所以我们要重新认识自己，做最好的自己。

喜欢篮球的朋友都知道篮球界有一个传奇人物——乔丹，在他的篮球生涯中，有太多的传奇故事令人惊叹。在乔丹拿到第一个三连冠之后，他做出了令所有人都不解的事情，那就是退役去打棒球。

曾经我也一度认为，乔丹退役去打棒球的那两年，对他真的是太浪费,如果不退役,或许他就能拿到五连冠了。

直到有一天我读了《乔丹自传》,里面有一句话深深打动了我,他说:"如果不打两年棒球,我永远不知道自己这么热爱篮球。"

后来的事情大家都知道了,乔丹复出之后,又拿了一次三连冠。

那看似无用的两年时光,让他更清楚了自己真正喜欢的是什么。如果他在职业生涯的最后才选择去打棒球,在球场上很有可能就不会有那么多精彩的瞬间了。

我们一生会做很多决定,有些事能够实现,也有很多事情没有实现。不管成功也好,失败也罢,最终的结果离我们的预想似乎总有很大差距,要么是成功所花的时间太久了,要么是收获不够多,总之每件事都会有一些遗憾。

言下之意,就是白走了很多路,浪费了很多时光。

在最初的决定和最终的结果之间,其实有一条最短的直线可以走,但往往自己走出来的都是一条曲线,于是那些弯折的部分就被看作是浪费和无用。

其实这种想法是十分单纯的,如果每一件事情都是按照最简单快捷的方法完成,那还有什么可追忆和留恋的?正是因为有了中途的曲折婉转,我们才有了更多的时间欣赏沿途的风景,磨炼自己的意志。

两点之间的线段虽然最短,但是曲线往往是更美的。而世界上美丽的图画,很少有直线,都是由那一道道曲线构成的。

人生路上到处是风景,为什么不边走边欣赏呢?

追梦人，世界都会为你让路

成功的人生是设计出来的

建楼房是先设计，还是先盖房？哪个是第一要素？哪个是第二要素？答案是先设计。只有设计好图纸，才能成功建成一座大厦。

同理，成功的人生都来自完美的规划。

根据二八定律计算，世上只有20%的人有人生规划，80%的人没有人生规划；20%的有规划的人中，只有4%有长期且清晰的规划方案，16%有清晰的短期规划方案。

设计好自己的人生，将决定你一生的财富。

首先，确定你想要的生活，即目标。

规划你的人生，确定目标是首要的。目标能够指导人生，规范人生，是成功的第一要义。一个一心向着目标前进的人，全世界都会为他让路。拿破仑·希尔曾说："你过去或现在的情况并不重要，你将来想获得什么样的成就才最重要。除非你对未来有理想，否则就做不出什么大事来。有了目标，内心的力量才会找到方向。"

有的人认为进行大量的工作，尤其是进行艰苦的工作，就一定会带来成功，却不知道任何活动本身都不能保证一定成功。一项活动要有用，就一定要朝向一个明确的目标。也就是说，成功的尺度不是做了多少工作，而是做出了多少成果。

有一个最好的例子，是法国博物学家让·亨利·法布尔所做的一项研究的结果。他研究的是巡游毛虫。这些毛虫在树上排成长长的队伍前进，有一条带头，其余跟着向前爬。法布尔把一组毛虫放在一个大花盆的边上，使它们首尾相接，排成一个圆形。这些毛虫开始动了，像一个长长的游行队伍，没有头，也没有尾。法布尔在毛虫队伍旁边摆了一些食物。但这些毛虫要想吃到食物就必须解散队伍，不再一条接一条前进。

法布尔预料，毛虫很快会厌倦这种毫无用处的爬行，而转向食物。可是毛虫没有这样做。出于纯粹的本能，毛虫围着花盆边一直以同样的速度爬行了七天七夜。它们一直爬到饿死为止。

这些毛虫遵守着它们的本能、习惯、传统、先例、过去的经验、惯例，或者随便你叫它什么好了。它们干活很卖力，但毫无成果。其实呢，许多潜能未发挥出来的人就跟这些毛虫差不多。他们误以为忙碌就是成就，干活本身就是成功。

目标有助于我们避免这种情况发生。如果你制定了目标，又定期检查工作进度，自然就会把重点从工作本身转移向工作成果了。单单用工作来填满每一天，这看来再也不能接受了。做出足够的成果来实现目标，这才是衡量成绩大小的正确方法。

其次，可以利用以下四个步骤，认清你的目标。

把你想要的东西，用一句话清楚地写下来，当你得到或完成你想要的事物，你就成功了。

写出明确的计划，如何达成这个目标，清楚地写出你要怎么做。

订出完成既定目标明确的时间表。

牢记你所写的东西，每天复述几遍。

遵照这几步做，你会发现你的人生越变越好了。

最后，规划人生路线。

当你认清了自己的位置，决定了自己最终的目的地，就应该规划自己的人生路线。

看清阻碍你前进的绊脚石，才能达到梦想与现实的完美统一。

一、了解自己想做什么。

按愿望关系分，可将人分为以下三类。

1. 确切知道自己在生活中想做什么并付诸实施的人。

2. 不知道自己想做什么的人。

3. 看起来非常清楚自己想做什么的人。

二、了解自己能做什么。

1. 过于低估自己的人。

2. 无限高估自己的人。

3. 正确估计自己，能得到自己想要得到东西的人。

三、将愿望和能力实现统一。

不断更新人生规划：世界无时无刻不在发生变化，对于梦想我们执着但不偏执；对于人生计划，可以专注但不固守。让梦想与人生一起前进，让计划与变化一起更新，你才能顺利地抵达人生目的地。

想要获得成功，就要开发潜能，活出最佳状态。警惕自我设限是潜能的第一杀手。

很多人不敢追求成功，不是因为追求不到成功，而是因为他们在心里默认了一个高度，这个高度常常暗示他们，使他们在潜意识里认为自己只能达到特定的高度。殊不知，自我设限是潜能的最大杀手。"心理高度"是人无法取得成就的根本原因之一。因此，慎下结论，去掉"不可能"的思想观念，相信万事都有可能，千万不要自我设限，没有什么是不可能的。

想要获得成功，就要善于发挥暗示的力量。暗示是人们心理活动的基本特征之一。暗示，是来自内心的神秘力量，也是人类认识世界的一种重要手段。

要想成功，就在潜意识的土壤中播下成功的种子。

潜意识无处不在，它就像一个精灵，隐藏在我们生活中每一个角落，你只要学习如何运用它，将它所隐藏的力量发挥出来，就可以为生活带来更多的力量、健康、幸福、喜悦。

经营长处，发挥优势。一个人的优势应该成为他个人尊严最神圣的一部分，也是个人魅力所在。我们应当珍惜、保护和发展自己的优势。

心理优势有很大的后天可塑性，也是反败为胜的有力武器。所以你应该打造并发挥自己的心理优势，无论什么结果都要有心理准备，使自己变得成熟坚强起来。

心理优势的建立要把握以下两点：

首先树立信心，从自己喜欢的事情做起，打造自己的心理优势，在气势上不要输给别人。其次，合理定位期望值，根据自己的现状，先解决生存问题，站稳脚跟后再考虑发展。心理优势最大的组成部分是自信自爱，真心地喜欢自己。

珍惜独一无二的性格秉性。一个人的性格就是他的守护神，一个人一旦认清了自己的天性，知道自己究竟是什么样的人，他也就知道自己究竟要的是什么了。

心理学家指出：我们对自己的认知、对自己的定位及我们将要实现的目标，决定着我们在这个世界上的独特位置。古希腊哲学家赫拉克利特说："一个人的性格就是他的命运。"也就是说，一个人应该认清自己的天性，过最适合于他的天性的生活，而对他而言这就是最好的生活。

第五章
成长比成功更重要

我们知道，成长是一个过程，成功是一个结论；成长是相关于生命的评价，成功是相关于社会的评价；成长是一个内在的系统，成功是一个外在的体系。

　　成功，或许是一个评判人的标准，但只是成长的一部分标准。不断进步，一直成长，才不会被时代抛弃，人在追求自我成长的道路上才不会随波逐流，内心才会变得更加坚定。成长不过是在给成功做铺垫，你如果不成长，怎么能成功？

　　人人都渴望成功，但是没有成长怎么就能随随便便成功呢？同时，成功也不代表不需要成长，成功不是最厉害的，成功了还在不断学习和成长才是最厉害的。保持学习的心态，不断向上才是最佳状态。成功是外人的评价，成长是自身的成熟过程。

　　成功者身上有光，是因为他们扛下了黑暗。成长的过程中难免会有很多的挫折，心态改变一切，养成良好的心态才是成功的起点线。

　　我们所做的每一件事、所得到的好的结果，都是成长的路上一点一滴积累而成的，否则就不是成功，而是遇巧。所有的成功都是成长出来的。最重要的事情不是打败别人，而是成为最好的自己。

不求一夜暴富，只求全方位成长

在财富获取观念上，很多人是沉不住气的，尤其是面对其他行业或者项目的诱惑时，总怕错失了机会。其实当今社会，各方面都比较成熟，机会相对来说很少很少，而以目前大部分人的勤奋程度，根本还轮不到拼机会和天赋呢。

很多人说风口的力量，的确，任何时代都有风口，比如前几年的微商、淘宝电商，再往前推还有下海经商、股票，等等。不过，仔细分析，就会发现真正在这些风口获得财富的人，要么是之前有一定积累的人，要么是非常勤奋、非常能坚持、非常专注且能抵挡住外在诱惑的人。

所以，我们不必刻意地追求赚多少钱，而是增加自己的价值，坚持当初的选择，因为行行出状元。

人们在做事的过程中，经常会被急功近利的念头打断，想去做点更重要的事。所谓的更重要的事，无非就是诱惑。当你真正踏入这种诱惑，你会发现和你之前做的事一样，会面临下一个诱惑。所以，我们应该不求一夜暴富，只求全方位成长，全方位成长后就不愁赚不到钱。

任何人都想拥有一个他人看来耀眼、自己也活得光鲜的人生，可是，想得到一个令人满意的人生，经营的功课必须做足，也只有这样，你的人生才会有足够的资本让你驰骋。

追梦人，世界都会为你让路

说到我们自己，虽然我们的美体内衣的确很棒，但是我们卖的真的不是我们的产品，而是我们的敬业精神、我们的态度、我们的做人、我们被别人喜欢的能力。所以，我们在团队内部一直强调：你一定要做到与众不同！如果你跟所有人都相同，你就没有被别人特别喜欢的卖点了。你要让你的客户见到你很难忘，让他觉得你很有意思，让他觉得你的付出一般人做不到，让他觉得你这个人心理素质好，而且好到极点！所以，成功者能做到别人做不到的事情，能做到别人不敢做，甚至连想都想不到的事情。

你首先要肯定自己，有很多宝藏值得你付出毕生的精力去挖掘。比如，你可以挖掘心态的宝藏，因为它决定了你的精神状态，也决定了你的人生态度；你可以挖掘为人处世方式的宝藏，因为从中你会悟出做人、做事的真谛；你可以挖掘职场中的宝藏，因为在职场上你可以实现自己的人生价值，发挥你最大的能动性；你可以挖掘事业的宝藏，因为它可以给你指点迷津，让你更快地实现自己奋斗的目标；你可以挖掘家庭的宝藏，因为这里永远是你最熟悉且舒适的港湾，无论你经历的风雨有多大，在这儿你都可以找到安全感；你可以挖掘生活的宝藏，因为它能教会你人要生存必须具备的素质，让你的生活充满希望；你还可以挖掘幸福的宝藏，因为在挖掘这份宝藏的同时，你会发现，原来自己始终都是那么幸福，被那么多的爱包围着……每个人都有如此多的宝藏，甚至不止这些，还有更多宝藏等待你挖掘。

换句话说，一个全方位成功的人生就是一个全方位平衡的人生。只有拥有使命、价值观、财富、时间、健康、人际关系、感召力、逆境力等多方位的成功，才能拥有圆满的人生。

圆满的人生就好像是一个木桶，木桶由很多的木板组成，决定可以盛多少水的，不是哪块木板长，而是哪块木板短。而水的多少就是人生圆满的程度，也取决于全方位成功的程度。

同时，人生需要打开很多开关，才能让我们的事业顺风顺水。

比如，情绪调整的开关。假如一个人一生气就生很久，这样的人会有大的作为吗？显然不会。假如你受一点小伤就要哭很久、伤痛很久，防别人防很久，大概你的人生也会被浪费，所以情绪调整的开关也要打开。打开情绪调整的开关，你就会有好状态。

比如，觉察力的开关。不打开觉察力的开关，如果你在发呆，你就发现不了自己发呆；你说错话了，你也难以发现自己说错话。觉察力的开关不打开，人会变得很迟钝。比如，在酒桌上，你可能一句话得罪了人，已经冷场了，别人都瞪眼提醒你了，你还在继续说。这样，你肯定成不了大事。

比如，感恩的开关。没有感恩，就很难得到别人的第二次帮助，也很难得到第二个人的帮助，因为白眼狼，谁都会怕。说到感恩，这里要特别说一句话，没有人欠我们什么，不帮是本分，帮我们是恩情。所以，我们对别人的哪怕一个微笑，都要怀着感恩之心来对待。

比如，谦虚的开关。有的人一辈子都没有打开这个开关，最后死在了傲慢里。比如关羽，就死在傲慢里，从出道到死，一直都没有学会谦虚。所以说，人生首先应该打开谦虚的开关，因为它太重要了。

回过头来看看我们自己走过的路，也实在是感慨良多。为什么我们可以把聚贤做到今天这样的规模？因为大家相信我们，信任我们。现在我们每个月在河南开三次会,在江苏开三次会。每一次开会前,每当看到很多美容店的老板娘拖着行李箱,从四面八方来到聚贤的会场,我的内心都特别感动。为什么大家从百里之外、千里之外,赶到我们聚贤的会场,是因为大家对我们的信任。

所以,我们只有把聚贤做好,做到极致,才能不辜负大家对聚贤的信任。其实,信任就是责任,正如承担才会成长。一个人只有具备勇于担当的精神,他才会取得更大的成长,才会取得更大的成就。所以说承担才会成长,成长才会成功。

超越自我才会成大事

我们的人生是属于自己的,所以不需要处处都和别人一样,我们只需要做自己,不要让随波逐流扼杀了自己的主见,更不要让他人主宰我们的人生。

那么,我们的人生就是用来和他人攀比的吗?显然不该如此。老看着别人,我们会忘记出发。

参照物的概念大家都懂,一快一慢你可能会较劲,但如果速度相差无几,劲头极有可能就散了,也容易落入自己依然在奋进的误区里。久而久之,你可能会和对方一起慢下脚步,因为有了一个和你并驾齐驱的人,你就以为自己与世界齐驱了,然后,你落后于这个世界,直至停滞不前,却浑然不知。

美国作家海明威说得好:优于别人,并不高贵,真正的高贵应该是优于过去的自己。

超越自我，可分成两种。一种是物质上的享受，另一种是精神上的超越。当然，这两者同样重要。如果以价值观来说，后者胜于前者。因为快乐是源自心境的宽适，真正的幸福，则是源于精神的安稳。

也许物质享受可以满足我们一时的乐趣，但乐趣的背后往往是更加空虚，因为我们的要求、欲望会逐日增大、增多，一旦一切都不能满足时，我们就可能会迷失自己，进而用消极的方式麻醉自己。

物质享受并非不重要，要你舍弃物质，全身心专注精神于生活上，实在是件极不容易的事。因此，当面临两难时，我们应该在两者间取得平衡。

不论追求什么，你都必须充满信心。不要认为自己能力不足，也不要过于庸人自扰，你应该告诉自己："我办得到！"

任何障碍我都可解除。

无论什么时候，自己的想法都应该尽可能是积极的。

自己要沉着应变，才能化险为夷，创造卓越成就。

有人说，信心就像一粒芥菜种子。如果你细心呵护，小小的种子便会长成既高且大的芥菜。同理，如果你用心浇灌信心的种子，就没有任何事可以难倒你了。

在追求过程中，一定会有许多困难阻挠我们。如果缺乏应变能力，那我们便不容易突破瓶颈，反而会被逆境打倒。所以，对于每一个难题，我们都必须谨慎对待并加以解决。

如何培养应变能力？

一是不断地锻炼自己。枪是越擦越亮，人是越锻炼越出色；不断地锻炼，才能磨炼出自我卓越的一面。二是主动学习。不要认为知道了关于应变能力的法则后，就足以应付所有的事。其实，还有许多困境是我们尚未遇到的，因此，我们应该随时主动学习，以弥补自己的不足。

要获得卓越成就，你就应该主动追求。念头积极了，你才会摒弃懒散的习性。你必须让潜意识充满积极的想法，无论任何情况下，你都要超越自我。

然而，追求卓越成就并不是一味地表现，而是应该提醒自己要谦虚，因为你知道，凡有卓越成就的人，他们越有亲和力，越受人欢迎。所以，不要用猜忌、排斥、冷漠的态度去面对别人的卓越成就，你应该学习、赞赏他们的成就，使彼此能够相处融洽，不因竞争而失去友谊。

许多人一生中怀有相当多的抱负，但他们往往都不愿意脚踏实地去做。如果你认为卓越的成就可不费吹灰之力而获得，那么当你遭遇挫折时，你便会很容易怨天尤人，把责任推给别人。俗话说，天下没有不劳而获的东西，也没有唾手可得的成功。你要成功、成名，就必须经得起长久的付出与持续的努力。

卡耐基说："只要你向前走，不必怕什么，你就能发现自己，成功一定是你的！"只要你每天限定自己一定要超越自我一点点，成功便会出现在你眼前。成大事的人就是如此，而不是因为其他的原因获得成功。

追梦人,世界都会为你让路

不要只跟唐僧比结果,而不比经过

唐僧师徒西天取经,一路翻山越岭、跋山涉水,经历了重重困难、种种考验,终成正果,共计九九八十一难。

为什么要安排八十一难,少一难都不行?

所谓"取经"只是一个名相,真正取得的只是一种"磨难的经历",人生也是这样,要想修成正果,少不了磨难,人生的磨难远比不上"八十一难"的艰辛……唐僧师徒为了"见得如来,取得真经"不惜十万八千里,经历八十一难到西天,孙悟空完全有能力一个筋斗翻过去,为什么没这么做?因为取经的真谛不在"文字经书"而在"困苦经历",最宝贵的就是战胜各种"困苦"的经历。九九八十一难充分表达了磨难对人成长的重要性,不经历风雨怎么见彩虹?

在美国,曾经很多人认为女性不适合播音员这一职业,当时电台也都没有女性播音员。但苏珊从小就喜欢播音,她最大的梦想就是成为一名电台播音员。等到苏珊大学毕业,面对残酷的就业现实,她没有丝毫退缩,而是积极投递简历,精心准备每一场面试,甚至为了能够找到一份播音员的工作,她跑遍了这座城市的四家电台,都被无情拒绝。就在她快要放弃的时候,新成立的一家电台向她抛出了橄榄枝,使她有机会成为一名见习播音员。入职之后,她做得很不错,但因为受根深蒂固的老观念的束缚,她总是会听到人们对她的各种非议。但不管遭受怎样的打击,苏珊都没有选择放弃努力，而是更加用心地提升和完善自己，为自己争取到更大的成功机会。渐渐地，苏珊的声音和她主持的节目被人们所接受，甚至成为那家新电台的特色节目。

后来，苏珊去国家广播公司电台面试。为了顺利通过面试，她甚至还专门策划了一个特色电台节目。也许是被苏珊的用心和专业所打动，电台最终决定将一档政治节目交给她来主持。虽然苏珊从未接触过政治，但是为了把握这个珍贵的机会，她还是决定挑战自我，勇敢尝试。就这样，苏珊成为国内第一个女性政治节目的电台主持人。出乎意料，她的节目反响非常好，这很快就为她在电台里赢得了一席之地。后来，她凭着独特的主持风格，赢得了广大听众的喜爱。

试想，如果在经历最初的几次面试被拒之后苏珊就放弃了继续尝试，甚至因为别人的否定而对自己放弃，那么她也就根本不可能取得后来的成就。正是因为在遭遇各种挫折和磨难之后她都没有放弃，所以她才能在经过数次考验之后，成为一名成功的电台主持人。

这个故事给我留下了十分深刻的印象，也告诉我们，不要羡慕别人的成功，别人的成功都是牺牲了安逸换来的。不要羡慕别人的才华，别人的才华都是私底下努力才能得到的。不要羡慕别人的成熟，别人的成熟都是经历沧桑后才能感悟到的。可以欣赏，不要嫉妒，因为那都是别人应该得到的。你应该关心的是，你想得到什么样的生活？而你为此又付出了多少努力？

明白了这样的道理，我们就不用羡慕那些成功者的成就了，而应该像他们那样默默耕耘，不懈努力。

有一次，我去拜访另一家美容店。刚一进门，就见老板拉着脸吼道："你给我滚出去！"我还想跟人家套近乎，给人家赔笑脸，老板却更狠了:"你再不滚出去,我就让我家的狗咬你!"

那之前我听了一些销售课,知道一个销售定理:"只要你不放弃顾客,顾客没有权利放弃你,因为主动权在我们自己手上。"我就把这句话在脑子里重复再重复,从美容店出来到附近的商场里调整情绪。我对着镜子,重新调整自己的面部表情,还冲着镜子笑了一笑说:"等着瞧,一定要搞定你!一定要搞定你!"给自己注入能量嘛!

然后我去买了牛奶、香蕉作为礼物,等到下午我又走进了她的美容店里。还没有听她张口说话,我就提起礼物对她说道:"老板,我曾经把自己的家庭经营得一塌糊涂,我和老公经常吵架,经常闹离婚。我的美容师九个走了八个。你想不想听我讲一下?"

可能就是这些话吸引了她,她看着我却没有说什么。于是我就对她打开了话匣子,我说自己曾经和老公吵架,我老公气得把电视机都砸了。聊着聊着我才知道,这个老板早上在家跟老公吵了架,然后到店里,发现三个美容师走了两个,也只剩下一个了。刚才正有一个顾客跟她吵架闹退款,还欠外债30万元,心里痛苦极了。我刚好说到了她的心事上。

聊来聊去,我们互相产生信赖感之后,我就把她给搞定了!跟我合作以后,她的业绩竟然做到110万元。

还有一次,我在杭州去拜访一个美容店。刚好外面下着雨,我准备往店里面进的时候,老板说:"别进来,别把我们的地板给踩脏了!"

我当时反应还是很快的,往周围一打量,发现隔壁就是一个小卖部。我就进去买了两个小塑料袋套到脚上,然后又买了瓜子。我说:"老板,这样我可以进来了吗?"

老板也被逗笑了:"你这个人怎么这么有意思!"

我说:"我们都想跟有意思的人在一起!"

这样我就进去了,和老板聊得还挺投机,最终达成了合作。

还有一个故事,可以给我们以启发。两个和尚分别住在相邻的两座山上的庙里。这两座山之间有一条溪,这两个和尚每天都会在同一时间下山去溪边挑水,久而久之他们成了好朋友。就这样,时间在每天挑水中不知不觉已经过了五年。

突然有一天,左边这座山的和尚没有下山挑水,右边那座山的和尚心想:"他大概睡过头了。"便对此不以为意。

哪知道第二天左边这座山的和尚还是没有下山挑水,第三天也一样。过了一个星期还是一样,直到过了一个月,右边那座山的和尚终于受不了了,他心想:"我的朋友可能生病了,我要过去拜访他,看看能帮上什么忙。"

于是他便爬上了左边这座山,去探望他的老朋友。等他到了左边这座山的庙,看到他的老友之后大吃一惊,因为他的老友正在庙前打拳,一点也不像一个月没喝水的人。他很好奇地问:"你已经一个月没有下山挑水了,难道你不用喝水吗?"

左边这座山的和尚说:"来来来,我带你去看。"于是他带着右边那座山的和尚走到庙的后院,指着一口井说:"这五年来,我每天做完功课后都会抽空挖这口井,即使有时很忙,我也坚持挖,能挖多少就算多少。如今终于让我挖出井水,我就不用再下山挑水了,也有更多的时间练我喜欢的拳了。"

人生事业也是如此,要想人前显贵,必定人后受罪。想要出人头地,获得成功并让别人高看你一眼,那么在成功的背后肯定要付出汗水。用老话说就是:吃得苦中苦,方为人上人!

追梦人,世界都会为你让路

你的潜力远远超过你的想象

柏拉图指出:"人类具有天生的智慧,人类可以掌握的知识是无限的。人类大约有90%的潜能都没有得到开发和利用,我们每个人都有巨大的潜能等待发掘。"

日本一家报纸曾报道了一件有趣的事:一名日本妇女趁幼儿熟睡之际外出购物,返家途中,在巷口与人闲聊,这时幼儿醒来寻母,就爬上阳台呼叫,不幸小孩一失足从阳台上坠落下来。说时迟那时快,其母飞奔至楼下,奇迹般地接住了自己的孩子。

按道理说3岁幼儿体重约15千克,从五楼坠下,在重力加速度的作用下,在即将到达地面时的速度非常快,年近三十的妇女竟能在这么短的时间内赶到,并且承受如此大的下坠力量,实在是不可思议。这件事在日本引起了轰动。后来新闻界还专门请来赛跑运动员做了一个模拟实验,结果都无法及时赶到出事地点。一个弱女子在情况危急的情况下,其运动的技能居然能远远超过训练有素的运动员!

看来,人的潜力远远超过想象。无数事实和许多专家的研究成果告诉我们:每个人身上都有巨大的潜能还没有开发出来。美国学者詹姆斯根据其研究成果说:普通人只开发了他蕴藏能力的1/10,与应当取得的成就相比较,我们不过是半醒着的。

换言之,你没有做得更好,只因为你还没有更多地发挥出你的潜力。一般的人不会自己主动发挥潜力，而行家里手却可以独辟蹊径，甚至可以驾轻就熟地塑造出杰出的人才，把人的潜能发挥出来。

一位音乐系的学生走进练习室。钢琴上，摆放着一份全新的乐谱。

"超高难度。"他翻动着，喃喃自语，感觉自己对弹奏钢琴的信心似乎跌到了谷底，简直要消磨殆尽。

已经三个月了，自从跟了这位新的指导教授之后，他不知道，为什么教授要以这种方式折磨人？

指导教授是个非常有名的钢琴大师。他交给自己的新学生一份乐谱："试试看吧！"乐谱难度颇高，学生弹得漏洞百出。

"还不熟，回去好好练习！"教授在下课时，这样叮嘱学生。

学生练了一个星期，第二周上课时，没想到教授又给了他一份难度更高的乐谱："试试看吧！"上星期的功课教授连提都没提。于是，学生再次挣扎于更高难度的技巧挑战。

第三周，更难的乐谱又来了，同样的情形继续着。学生每次上课都要被一份新的乐谱挑战，然后把它带回去练习，接着再回到课堂上，重新面临难上两倍的乐谱，无论怎么努力都追不上进度，一点也没有因为上周的练习而有驾轻就熟的感觉。学生感到越来越不安，越来越沮丧。

当教授走进练习室，学生再也忍不住了，他必须向钢琴大师提出这三个月来何以不断折磨自己的质疑。

教授没有开口，却抽出了最早的第一份乐谱，交给学生："弹奏吧！"然后以坚定的眼神望着学生。不可思议的事发生了，连学生自己都惊讶万分,他居然可以将这首曲子弹奏得如此美妙、如此精湛!教授又让学生试了第二堂课的乐谱,学生仍然有高水平的表现。演奏结束,学生怔怔地看着老师,竟然说不出话来。

"如果我任由你表现最擅长的部分,可能你还在练习最早的那份乐谱,不可能有今天这样的表现。"教授缓缓地说。

这就说明,人的智慧和想象力具有很大的潜力,充分挖掘它,发挥丰富的创造力,就会做出使自己都感到吃惊的成绩来。

每当遇到挫折和挑战时,我们为什么不想一想,这很有可能是生活在逼迫我们发挥潜能、提升水平呢?

播种和收获不在一个季节

播种和收获不在同一个季节,中间隔着的一段时间,我们叫它为"坚持"。但是很多人都想现时现报,付出了马上就要收获成果,这也未免太过于心急了!

我们先来看一个反面案例。

宋朝时,张乖崖在崇阳当县令。当时,常有军卒侮辱将帅、小吏侵犯长官的事发生。张乖崖认为这是一种反常的事,下决心要整治这种现象。

一天,他在衙门周围巡行。突然,他看见一个小吏从府库中慌慌张张地走出来。张乖崖喝住小吏,发现他的头巾下藏着一文钱。那个小吏支吾了半天,才承认是从府库中偷来的。张乖崖把那个小吏带回大堂,下令拷打。那小吏不服气:一文钱算得了什么!你也只能打我,不能杀我!张乖崖大怒,判道:"一日一钱,千日千钱,绳锯木断,水滴石穿。"为了惩罚这种行为,张乖崖当堂斩了这个小吏。

成语水滴石穿原比喻小错不改,将会变成大错,现比喻只要坚持不懈,总能办成大事。我们讲这个故事是想说,小的坏事一直坚持干下去,早晚会铸成大错;而小的好事就像付出或者磨炼自己一样,早晚也会成就大善或者成就大业。所谓集腋成裘、聚沙成塔、滴水成河、粒米成罗,就是这个意思。用古人的话说:骐骥一跃,不能十步;驽马十驾,功在不舍。锲而舍之,朽木不折;锲而不舍,金石可镂。不积跬步,无以致千里;不积细流,无以成江河。

再来看一个外国人的例子。

美国总统林肯,大家一定很熟悉。在成功之前,他经历了一次又一次失败,却是鲜为人知的。1832年林肯失业了,他很伤心,但是下定决心要当政治家,当州议员,糟糕的是,他竞选失败了。接着,林肯开办了自己的企业,但一年不到就倒闭了。随后,他再次竞选州议员,这次他当选了,他内心萌发了一丝希望。

可是,打击再次来临,在他即将结婚时,他的未婚妻不幸去世,这次给他的打击太大了,他得了精神衰弱症。

几年后,他觉得身体有了好转,便在十年中先后五次竞选国会议员,但每次都以失败告终。

林肯虽然一次次尝试,但却一次次遭到失败,但他没有放弃,为了自己的梦想坚持着。1846年,他又一次竞选国会议员,这次他终于成功了。林肯不断地为自己的追求坚持不懈地努力,最终

1860年当选为美国总统。林肯的成功建立在坚持不懈的基础上，他的坚持正是他成功的保障。

"行百里者半九十"，最后的那段路，往往是一道最难跨越的门槛，其实每一个人的一生中，都会或多或少地出现这样那样的困境。有的时候就需要那么一点点毅力，一点点努力的坚持，成功就能触手可及，而不是充满遗憾地与成功或胜利擦肩而过。

播种与收获当中有一个时差，我们生活当中又何尝不是这样呢？想促成一件事情，急功近利是不行的。

首先就是坚持，我现在做的，付出的时间与精力，我一时看不到它的价值或得不到现实的回报，看能坚持多久。但我坚信只要路走对了，现在所付出的，一定会在以后的某一天某一件事上彰显它的价值，或许是一年两年，又或许是三五年。

其次是改变，一个人想成长，想要与众不同，必须做出改变。古人说："知错能改，善莫大焉。"可见知错容易，改过是很难的。

改变虽然是为了更好，但改变是痛苦的，因为改变打乱了你固有的模式，改变让你无所适从，改变让你无法随心所欲。就像一个抽烟的人，戒烟是为了使他身体更健康，可是戒烟的过程会让他更痛苦。

古代许多人都在争论一个问题那就是"知与行"，有人认为知易行难，有人认为知难行易，明代的王守仁提出"知行合一"让许多人佩服得五体投地。两点都很重要，只有认识到自己的不足，去改变，才会有成长。

播种与收获不在一个季节，它时刻提醒着我们坚持、改变、成长，然后才有资格去迎接那收获的季节。

只管播种善因，迟早收获善果

爱默生说："因与果，手段与目的，种子与果实，是不可分割的，因为果早就酝酿在因中，目的存在于手段之前，果实则包含在种子之中。大自然的法则是：从事工作，你将拥有权力，但不工作的人，将没有权力。"

《周易》说："积善之家，必有余庆；积不善之家，必有余殃。"意思是，修善的人家，必然有多的吉庆；作恶的人家，必多祸殃。不管善果恶果，都是由循序渐进、慢慢积累，最终量变引起质变的现象。也是在告诉我们，只管播种善因就是，迟早都会收获善果的。

古人说："但行好事，莫问前程。"还是颇有道理的。其实，我们为了人生事业而努力做好准备，也算是为善之举。可以说，努力从没有替代品，任何成就均需通过努力才能得到。正如尼采所言，如果这世界上真有奇迹，那只是努力的另一个名字。生命中最难的阶段并非没人懂你，而是你不懂自己。

人的耐心决定其境界：付出一点就想马上有回报的，只能做钟点工；可以忍受按月领取报酬的，适合做工薪族；肯于守候几年见成果的，是投资家和企业家；甘愿忍耐几十年乃至上百年才取得收获的，则是伟人和圣人了。

有一个朋友很焦虑，总是对男友患得患失，说她男友这一世能与她相恋可能是来报恩的，万一他报完恩了就离开她怎么办？

我说，那你加倍对他好啊，让他这辈子也还不完。

那朋友恍然大悟，乐颠颠地走了⋯⋯

只管种善因，善果自然结。

很多时候，我们能够坚持做事，因为远方的目标清晰可见。是的，为了目标而不断努力，有时会陷入自我的疯狂和执迷。极端一些的，还会因为贪欲而迷失自己。

既然如此，我们又该如何应对呢？还是那句话：但行好事，莫问前程。你需要做的，依然是为了目标而努力，但是你要将远方的目标模糊化，变成内心里永不熄灭的心灯。

羡慕别人的成功和美好生活，也属正常。要看得到别人背后的默默付出，才有了今天的如此成就。你要做的也很简单：树立正确的目标，然后不忘初心，砥砺前行。

世间的万事万物都有因果联系，也就是因缘际遇。今天的你有幸得遇明灯指引而不断努力，你就应珍惜这份得来不易的际遇。很多人不能珍惜当下这份际遇，过分执着于远方的目标，最后就会贪欲作怪，迷失自己。

遇到挫折时，应该怎么面对呢？古语说得好：天将降大任于斯人也，必先苦其心志，劳其筋骨。要相信雨过才见彩虹，夜尽方能天明，一切都是最好的安排。

学会跟自己做朋友，学会跟时间做朋友。走得远的人，都是会用笨办法牢牢锁定目标，一步步前行直到成功的人。为什么不下定决心与他们为伍，与他们一路同行呢？

人生如修行，人的身体会随着时间消逝而日渐衰老，但心灵却不会。只要你平日里注意磨砺，心灵就会不断成熟、不断完善，一直进化下去。保持住你的初心，砥砺前行，人生早晚会有重大收获。一定的。

第六章

事业如人生，都需要开窍

从一个特别的角度看，人与人之间的最大区别，在于是否开窍。有的人很早就开窍了，有的人活了一辈子也没有开窍。仔细想想，开窍真是一件有趣的事情。有趣在于，它饱含灵魂和启示意义。

举例来说，张曼玉是中国电影界一位重量级人物，但她并不是天才，更不是那种所谓"天生的演员"。

在《阮玲玉》横空出世、张曼玉登顶柏林影后之前，她已经拍了几十部爆米花影片，每部里都是一只"花瓶"，直到等来关锦鹏执导的《阮玲玉》。

这部电影令她破茧成蝶，演技一举开窍。此后的张曼玉，在演艺这条路上高歌猛进，难寻对手。今日纵使已隐退多年，仍是华人之中绝无仅有的戛纳、柏林双料影后和众多影迷心中的"曼神"。

说到底，是开窍成就了她。

所谓开窍，有人也叫开悟，它是我们做任何事情，要做得漂亮、深入、成功，必须经过的一个关口。经过这道关口，才能开始迈入真正的发现之路。

我们对事物的探索和认知，从一无所知到知道得越来越多。也许刚开始毫无头绪，但我们一路摸索，走着走着，可能在无意识间，到了某个瞬间，就豁然开朗了。这就是开窍。接下来就顺畅多了，沿着这条路走下去就可以了，总能到达终点。

第六章 事业如人生，都需要开窍

麦当劳其实是做房产的

电影《教父》里有句话影响了很多人："花半秒钟就看透事物本质的人，和花一辈子都看不清事物本质的人，注定拥有截然不同的命运。"

的确，在现实生活中，无论是社交、恋爱，还是创业、投资，谁能一眼看穿全局，谁就能主导全局。

先来看一个古代的例子。

春秋时期，秦穆公有一次问伯乐："你是天下第一等的相马名家，有没有可以继承你的弟子？"伯乐微笑着说："我的弟子都很平庸，只能从马的筋骨辨别一般的马。但是天下良马的相法却是似有若无，令人无法捉摸。不过，我知道有一个名叫九方皋的人，有鉴赏马的特殊才能，超过我很多。他的个性淡泊，常常替人做工或是自己砍柴为生，但是他特别喜欢相马。如蒙应允，我倒很乐意为您引荐这个人。"

秦穆公听了非常高兴，马上请伯乐把九方皋带来。穆公接见九方皋后，就命令他去寻找良马。数月后，九方皋觐见穆公，穆公问他："先生寻到了什么颜色的好马？"九方皋迟疑了一下，才说："是一匹黄色的雌马。"穆公和侍卫前往马厩察看，结果是一匹黑色的雄马，并不是黄色的雌马！穆公非常失望，马上传伯乐觐见："你推荐的九方皋有什么识马的能耐啊！连马的雄雌都不分，连颜色都辨别不出来!"

伯乐徐徐道来:"其实您批评九方皋的,他不认识马,正是他和其他相马者所不一样的。他看到的是一匹马内在的能力,而不是外在的形态。他的相马法是超越马的躯壳,直接认识本质的高妙境界!"果不其然,九方皋带回来的马,经过检验后,证实的确是一匹超群出众的天下良马。

九方皋的本事是什么呢?他所看到的是马的内在神机,观察到它内在的精粹而忽略它的表面现象,洞察它的实质而忘记它的外表;只看他所应看的东西,不看他所不必看的东西;只注意他所应注意的内容,而忽略他所不必注意的形式。像九方皋这样高超的相马术,可以启示我们获得舍弃表皮、直达本质的智慧。我们的人生事业,又何尝不应该如此呢?

查理芒格说:人类社会只有发明了发明的方法之后才能发展,人们只有学习了学习的方法之后才能进步。同样的道理——我们只有找到了找到本质的方法,才能获得开挂一般、势如破竹的人生。

再讲一个国外的例子。

1974年,麦当劳的创始人雷·克洛克曾经在得克萨斯的NBA上做过一次精彩的演讲,在演讲之后,雷·克洛克和学生们喝着啤酒交流。克洛克问大家:谁能告诉我我是做什么的吗?在场的学生们都笑了,一位大胆的学生说:谁都知道你是做汉堡包的!雷·克洛克哈哈大笑:我料到你们会这么说。女士们,先生们,其实我不是做汉堡包的,我是做房地产的!他的这一席话,震惊了四座!

其实雷·克洛克说得一点也没错,正如大家所看到的,在人流密集的商业区,我们都能看到麦叔叔的身影,事实上,麦当劳总是占据街角最好的位置。他们深深地知道,店面的位置是成功的关键,因为除了美味的汉堡包和优质的服务以外,客流量的多少是决定业绩的致命因素。如果问大家:店址在哪里最好?很多人都会不假思索地回答:繁华的商业区,靠近著名的商场,人流量最大的地方。确实,人流量较大的商业区,或者高档住宅区附近的商场,都为麦当劳带来了可观的收入。想要租下商场最好位置的不止是麦当劳一家,竞争是激烈的!所以麦当劳的创始人宣称自己是做房地产的,看似随意的一番话透露出企业家的思维。首先要花费大量的时间和精力去选择店铺的位置,选择好了目标还要能够抢到这稀缺的资源。麦当劳选择店面的位置所花的时间,比做汉堡包所花的时间还要多!

郭德纲曾说:"活得明白,与时间无关,跟经历有关。三岁经历一个事儿这辈子就明白了,活到九十五岁还没经历这个事儿,他也明白不了。"

经历得多了,便离真相近了。所以李嘉诚说:"世界上最浪费时间的事就是给年轻人讲经验,讲一万句不如他自己摔一跤。"

但是我想,不论是摔一跤还是自己悟到,其结果都是要获得透过现象参透本质的智慧和本领。

以胡萝卜做诱饵是钓不上来鱼的

不论人生还是事业都免不了跟人打交道,而跟人打交道最重要的就是努力从对方的角度看问题,而不是自以为是,导致自己最后

追梦人,世界都会为你让路

犯错误。

美国知名主持人林克莱特进行采访时，问一名小朋友："你长大后想做什么呀？"

小朋友天真地回答："嗯……我要当飞机的驾驶员！"

林克莱特接着问："如果有一天，你的飞机飞到太平洋上空，所有引擎都熄火了，你会怎么办？"

小朋友想了想："我会先告诉坐在飞机上的人绑好安全带，然后我挂上我的降落伞跳出去。"

当在场的观众笑得东倒西歪时，林克莱特继续注视着这孩子，想看他是不是个自作聪明的家伙。没想到，孩子的两行热泪夺眶而出，这才使得林克莱特发觉这孩子的悲悯之心远非笔墨所能形容。林克莱特继续问小朋友："为什么你要这么做？"

小朋友的答案透露了他最真挚的想法："我要去拿燃料，我还要回来！"

这就是"听的艺术"。一是听话不要听一半，二是不要把自己的意思投射到别人所说的话上。要学会聆听，用心听，虚心听。

看过这样一句话：一个人最大的恶意，就是把自己的理解强加于别人，把所有的结果理所当然用自己的过程来解释，并坚持认为自己是正确的。

同时，跟别人相处，也要充分照顾到对方的需求，而不是以自己的需求代替对方的需求。

有一个寓言小故事。第一天，小白兔去钓鱼，一无所获。第二天，它又去钓鱼，还是如此。第三天它刚到，一条大鱼从河里跳出来，大叫："你要是再敢用胡萝卜当鱼饵，我就揍死你。"

鱼为什么要冲着小白兔大叫？是因为小白兔用胡萝卜当诱饵。那么，小白兔为什么用胡萝卜钓鱼？是因为小白兔喜欢吃胡萝卜，就以为鱼也喜欢。

有道是：看菜吃饭，量体裁衣。到什么山上唱什么歌。为人处世，不是顺着自己的心思来，而是应该顺着对方的心思来，才能很好地达成目标。

还有一个小故事。有一位喜欢安静的老人住在郊外，他的房屋旁边有一片美丽的草坪。有一段时期，一群孩子每天都在这草坪上踢足球，他们笑啊、闹啊，极大地影响到老人的安静生活。于是老人苦思冥想，希望把这些调皮的孩子赶走。老人用了很多方法，如好言相劝、威吓等，但都无济于事，孩子们每天都按固定的时间来这儿踢球，毕竟这片草坪太好玩了。

有一天，老人灵机一动，想出了一个方法。老人笑嘻嘻地对孩子们说："孩子们，欢迎你们每天来这儿踢球，我非常喜欢。这样吧，为了感谢你们每天来这儿踢球，我每次给你们每人 10 元钱作为感谢。"

孩子们很狐疑，但这是真的。老人果然每天给他们每个人 10 元钱。

过了一段时间，老人说："很遗憾，我这段时间经济有点紧张，我只能给你们每人 5 元钱。"

又过了一段时间，老人又说："孩子们，我最近比较穷，我只能给你们每人 1 元钱了。"

第二天，来的孩子少了，第三天来的孩子更少了，他们都愤愤不平："这老头太抠门了，我们这么辛苦地为他踢球，可他给的钱却越来越少。我们为什么要那么卖命地为他踢球啊?"

后来,没有一个孩子来踢球了,他们都忘了他们最初来这儿踢球是为了什么。只有老人独自偷偷地高兴,草坪上终于恢复了安静。

当然,当我们站在他人角度进行思考时,必须先从自我主观的思维中跳出来。而值得注意的是,不管是做人做事,利用人性需要出于好的目的。如果目的不纯,那么利用人性就是一桩恶行了。

你怎么对待自己,世界就怎么对待你

很多人都会抱怨,为什么这个世界如此不公平?为什么我总是遇见各种倒霉的事情?为什么事事不顺心?是啊,为什么?这个世界从来都是公平的,它眷顾努力的人,从来不会亏待任何一个心存善念的人!你抱怨世界不公平,抱怨世界不好好对待你,那么你呢?你好好对待你自己了吗?

也有些人常常抱怨自己"生不逢时""大材小用",感叹自己运气太差,总是与机遇擦肩而过。其实,不是机遇故意跟你过不去,而是当机遇出现的时候你没有好好把握住它。

有一句格言说得好:"幸运之神会光顾世界上的每一个人,但如果她发现这个人并没有准备好要迎接她时,她就会从大门里走进来,然后从窗子里飞出去。"

其实,每个人的内心都存在着诸如贪婪、恼怒、自私、丑陋、懒惰、轻浮、脆弱、报复心、控制欲等消极特质。由于这些消极特质不招人喜欢，所以我们往往极力掩饰和压抑，慢慢地，它们就成了我们内心的阴影。

我们可以用城堡来比喻自己的内心世界。小时候，这座城堡是壮丽而雄伟的，里面有着数以千计的房间，每个房间都对应着我们内心的一种特质，有积极的，也有消极的。爱与恨，美与丑，勇敢与怯懦，优雅与粗俗，无私与贪婪，健康与病弱，都存在于不同的房间之中，每个房间都是整座城堡不可或缺的一部分。

"亲爱的，外面没有别人，只有你自己！"张德芬老师在每一堂课的开篇都会说这句话，是的，你就是你的世界，一切的一切都是你的影射。你如何对待你自己，你的世界就会如何对待你。

自信的人最美丽，如果你足够爱你自己，那么你的气场就会展现出来。气场这个东西很神奇，它可以影响到你周围的人和事，不信你可以试试！

有一则"牧师和儿子"的故事。一天早晨，牧师的儿子约翰哭嚷着要去迪士尼乐园。为了转移儿子的注意力，牧师将一幅色彩缤纷的世界地图撕成了许多小碎片，对儿子说："你如果能把这张世界地图拼起来，我就带你去迪士尼乐园。"没想到，不到10分钟，小约翰就拼好了。每一片碎纸片都整整齐齐地排列在一起，整张世界地图又恢复了原状。牧师很吃惊，问道："孩子，你怎么拼得这么快？"小约翰回答："很简单呀！地图的另一面是一个人的照片，我先把这个人的照片拼到一块儿，粘贴一下，然后把它翻过来。只要人对了，世界就对了。"

是的，人对了，世界就对了。

一个具有强烈自信心的人，有着磁石般的吸引力。不管是谁，都不愿与一个暮气沉沉、整日唉声叹气的人交往,这样的人,只会生活在暗无天日的小天地里,是不会有什么作为的。只有自信的人,才能找到打开成功之门的钥匙。

拥有自信的人,绝不会向挫折和失败低头,他们对未来总是满怀期望,这就是创造奇迹的起点。失败了,落后了,不后悔,不气馁,同时还拥有超越和必胜的信念,这正是一个人走向成功最为宝贵的特质。

阳光的心态是一笔珍贵的财富,它是人们拥抱这个世界的基石,同时也可以帮助一个人获得应有的成功。

有一位成功人士曾经说过:"一个阳光自信的人,对别人给予自己的点滴好处心存感激,心中充满着爱,而且他会将这份爱无限传递下去。而人际关系的和谐、美好,恰恰需要我们每一个人都付出自己的爱心。"因此,对于人们而言,阳光自信,能够充满爱心,能够担负起属于自己的职责,这是获得成功的不二法门。

调整好自己的状态,以一种喜悦的心情去看待这个世界,这个世界同样也会回报给你一份美好。

十年挖一口井,强于一年挖十个坑

在世界上,聪明的人从来不乏有之,但专注的人少而又少,能获得成功的永远不一定是聪明人,但专注的人却鲜有不成功的。

先来看一个国外的故事。

波兰有个小姑娘,学习非常专心,不管周围怎么吵闹,都分散不了她的注意力。

一次,小姑娘在做功课,她姐姐和同学在她面前唱歌、跳舞、做游戏,她就像没看见一样,在一旁专心地看书。

姐姐和同学想试探她一下,她们悄悄地在小姑娘身后搭起几张凳子,只要一动,凳子就会倒下来。时间一分一秒地过去了,小姑娘读完了一本书,凳子仍然竖在那儿。

从此姐姐和同学再也不逗她了,而且还像她一样专心读书,认真学习。

小姑娘长大以后,成了一个伟大的科学家,她就是居里夫人。

居里夫人专注的态度与习惯值得我们学习,同时也告诉我们能否专注于事业,不在于外界的诱惑,而在于我们这颗心。

专注力,可能是这个时代最稀缺的资源,因此我们要珍惜专注,这样才能获得更好的成功。

当你认准一条道路,就不必去打听要走多久;当你选择了远方,就只顾风雨兼程,路上虽有坎坷,但梦想终将到达。

没有人天赋异禀,这个世界其实很公平,它会残酷地惩罚不改变的人,但是它也会悄悄犒赏那些一直坚持努力奋斗的人。

一个人要挑战自己,靠的不是投机取巧,不是耍小聪明,靠的是信心。人有了信心,就会产生意志力量。人与人之间,弱者与强者之间,成功与失败之间,最大的差异就在于意志力量的差异。人一旦拥有意志的力量,就能战胜自身的各种弱点。

你的选择,并不足以决定你的人生质量,你一直以来的状态才是决定因素。你要做到凡事用心,凡事尽力。对于用心的人,全世界都会为你让路。

事业就像挖井，不要东挖挖，西挖挖，结果哪都不出水！宁愿十年挖一口井，也不要一年挖十个坑，唯有持之以恒，才会成功！心在哪里，收获就在哪里！成功不是一夜暴富，成功靠的是日积月累，点点滴滴地从量变引起质变！努力到无能为力，拼搏到感动自己。

成功的因素有很多，但专注却着实是当中必不可或缺的因素之一。你越是专注，你离成功就越近一步。将心沉下来，不浮躁，用心走好每一步，成功便不再是什么空谈了。这也正应了那句话：你有多专注，你就有多成功！

商业的本质是通过利他而利己

一位商业奇才说：在当今的新商业环境下，要想赢，就必须遵从商业的规则，回归商业的本质。

在我看来，商业的本质遵循一个简单的逻辑，核心就是利他，通过利他而利己，而不是直接追求利己。

一个盲人，每天夜里上下楼都会把楼梯间的灯打开，有人不解就去问他为什么这么做。盲人回答："把灯打开让他人看得清楚，我就不会被人撞倒。"的确，利他就是利己，不管是做企业还是做人，道理都是如此。

利他，是换位思考的结果。在商业交往中，越是从利己的动机出发，越是达不到利己的目的；相反，越是从利他的动机出发，越能使自己获得收益。因为自己想赚钱，对方也想赚钱，人同此心，心同此理。站在对方的立场,加入利他的思想,多为对方考虑一些,让对方觉得这个买卖做得好,对方也会好意相报,达成双赢。当然,这里的利他并不是损己利他,而是双方都能受益。

利他首先是一种价值观,其次才是一种手段。

利他思维确实是实现利己最好的方法,但是千万不要落入一个误区:就是把利他当成一个纯粹的手段。因为没有发自真心的利他思维,利他就变成了一种处事的小伎俩。很多人眼中的利他思维是把别人当成一种工具,当成一颗棋子,他们认为利他就是牺牲自己的小利益,通过给别人小恩小惠去换取别人的大利益。

利他首先是一种正确的价值观,就是你确实是发自真心地利他,利己是自然而然的结果。因为价值观决定方法论,在错误的价值观下,即使是有效的方法也会变质。不知道大家有没有这种感受,就是一个成功的人提出一个很有效的方法,别人通过学习发现并没有那么大的作用,然后他们就怪罪这个方法,说这个方法没有想象中的那么有效嘛。

然而事情的本质是方法问题吗?其实不是方法问题,是价值观问题,是本质认识问题。所以我们必须先确立正确的利他价值观,再使用利他这个超级方法,最终才能获得最大的效果。

不信,我们来听听日本"经营之神"稻盛和夫的观点。

稻盛和夫认为:"利他本来就是经商的原点。"他表示:"求利之心是人开展事业和各种活动的原动力。因此,大家都想赚钱,这种'欲望'无可厚非。但这种欲望不可停留在单纯利己的范围之内,也要考虑别人,要把单纯的私欲提升到追求公益的'大欲'的层次上。这种利他的精神最终仍会惠及自己,扩大自己的利益。"

所以，先确立发自真心的利他价值观，再有意识地使用利他的方法，这样肯定会对你的人生和事业有巨大帮助。

同时，利他不仅仅是利己之术，利他更是利己之道。

当然，利己本身无可厚非，但是我们更愿意把利己分为利己之术和利己之道，而利他就属于利己之道。

为什么说是利己之道呢？

因为道是一种规律，是过去如此，现在如此，未来也必然如此的永恒真理。通过利他而利己是人类的永恒规律，不止商业如此，在人类各个方面都是如此。

而利己之术却是各种各样的，很多人采用自私的手段，通过占有别人的利益而获取利益，也一样获利。但是自利利己有两个缺点：一是自利利己往往只能让自己获取短期利益；二是自利利己会让自己的信用贬值，失掉其他机会，从长远来看，是弊大于利。

关于道和术的关系，有个观点特别好："道为术之灵，术为道之体，以道驭术，以术证道，道既明，术乃行。"所以用利己之道驾驭利己之术，那么利己之术方为大道所驯服。

追梦人，世界都会为你让路

第六章 事业如人生，都需要开窍

宽阔的胸怀都是委屈撑大的

企业家马云说："男人的胸怀是委屈撑大的。委屈再大莫过《天龙八部》中的乔峰，冤枉再大莫过《笑傲江湖》中的令狐冲。"不要像野马那样一旦不如意就尥蹶子，一个人内在的大格局，一定是经过感情和事业的打磨之后才撑起的内里乾坤，从而成就的大胸怀，最终带你越过小溪奔向大海。

实际上，不仅男人的胸怀是委屈撑大的，女人的胸怀也是委屈撑大的，所有人的胸怀都是委屈撑大的。

沙砾进入蚌体内，蚌觉得不舒服，但又无法把沙砾排出。好在蚌不怨天尤人，而是逐步用体内营养把沙砾包围起来，后来这沙砾就变成了美丽的珍珠。因此，当我们受到委屈时，当感到不如意时，不妨多想想蚌。我们何不像蚌那样设法适应，利用自己无法改变的环境，以"蚌"的肚量去包容一切不如意的境遇，使之为我所用呢？

人生在世，注定要受许多委屈。面对各种委屈，我们要学会一笑置之，要学会超然待之，更要学会转化势能。只有这样，我们才能在隐忍、原谅、宽容中成长壮大。如果你没有成功，只能说明一点：被委屈得不够。其实，人要感谢已经经历的委屈和正在经受的委屈。

我们前面提到过马云。现如今，无论面对任何诽谤、诋毁、刁难或批评，马云都能坦然面对，因为他已经练就了一颗无坚不摧的心，用委屈去撑大自己的心胸。

今日的马云，在台上风光无限。但是，在风光的背后，却是大家看不到的辛酸、失落、泪水、委屈，甚至痛苦。只是对于这些，马云并没有抱怨过，而是咬牙坚持。

"淘宝商城事件"发生后，身心俱疲的马云对着电脑，敲下了一条微博："看着家人的眼泪，听见同事们疲惫委屈的声音，心碎了，真累了，真想放弃。心里无数次责问自己：我们为了什么？或像别人一样移民，社会好坏和我们有什么关系？昨晚上网听见那批人呼喊'消灭一切，摧毁一切'伤害着无辜。亲，淘宝人！"

马云选择了忍让，并自嘲，没有人能够永远强硬，即使是马云。因为想要妥善解决这起事件，他只好将委屈留在心里。这就是马云的情商，他从来不会轻易抱怨什么，而是将一切抱怨化成奋斗的动力。

每当遇到让自己深感委屈的事情时，马云就会劝慰自己："世界上最没用的就是抱怨，不仅对你没有任何帮助，还会浪费掉宝贵的时间。每次面对打击，只要你扛过来了，就会变得更坚强。所以每当我遇到困难的时候，或者企业走不下去的时候，我总是想明天肯定更倒霉，一定会有更倒霉的事情发生，那么明天真的遭遇打击了，我就不会害怕了。你除了重重地打击我，又能怎么样？来吧。我能够扛得住。抗打击能力强了，真正的信心也就有了。当我们接纳各种状况，并从中发现其光明面，就会体验到越来越多不需要抱怨的美好。"

真正有能力的人，明白这世界的残酷，但他们从不去做一些无谓的抱怨，而是将委屈埋在心底，让自己变得宽厚豁达，用宽厚去原谅所有的不愉快。

有人曾经说过：世界上分三等人，一等人有本事没脾气，二等人有本事有脾气，三等人没本事有脾气。

有道是，肯吃亏的人是一种大气，心大了，事就小了。人生就应该把脾气修得小小的，把本事长得大大的。

第七章 打造家和事业的港湾

有人把家庭比作事业的港湾，打造好了，既可以使人在事业的驰骋中得以休养生息，又可以为在事业上新的冲击而养精蓄锐；打造不好，就会成为事业的累赘，影响精力的投入、才智的发挥和事业的成就。

都说男人是树干，女人是绿叶，孩子是花朵，而家庭则是土地，温馨和睦是阳光雨露，共同滋润树干和绿叶开出灿烂的花朵。其实，家是人永远的港湾，家是人幸福的源泉。一个人事业做得再大、再成功，最后都要回归于家庭。

家庭和睦幸福，生活中的烦恼就少，干起事业来心情愉快，劲头也足；相反，"后院"经常出"情况"，做事精力难集中，情绪不舒畅，干什么都不顺心。

常言道：家不和被人欺，夫妻不和苦戚戚。有人把家庭和事业总结出这么一个规律，家庭和睦—激发动力—成就事业—促进家庭幸福，这才是一个良性循环，里面包含了充满智慧的生活哲理。

第七章　打造家和事业的港湾

爱出者爱返，福往者福来

古人说："爱人者，人恒爱之；敬人者，人恒敬之。"也就是说，关心、体贴别人，是赢得别人感情的必由之路。

心理学家们发现，以帮助与相互帮助为开端的人际关系，不仅良好的第一印象容易确立，而且人与人之间的心理距离可以迅速缩短，使良好的人际关系迅速建立起来。雪中送炭、患难之中见真情就说明了这一点。每个人都有需要帮助的时候，当别人需要帮助的时候，我们应当伸出援助之手。

2015年3月的一天，我问自己：聚贤要成为一家什么样的公司？最赚钱的公司吗？第一名的公司吗？最厉害最强的公司吗？

我不断地问自己，最后得出的结论是：这些都不是我最终的追求。我最终的追求是使聚贤公司成为全体员工家庭和事业的港湾，让大家都生活在爱的关系里，使聚贤成为一家员工幸福、顾客满意的企业。因为成功是人生追寻的旅途，幸福才是生命最终的归宿。

说到我们旗娟公司，其实质就是帮助他人成功的企业。凡是加入旗娟公司的人，都在我们这个团队里获得了她们想要的一切，包括财富和家庭幸福，以及对未来的信心。当然，我们旗娟团队的伙伴们原来的处境各不相同，但是我们本着为大家负责的精神，把她们都带进了我们的团队氛围中来了，而且都成了旗娟文化的传播者。

坦率讲，在旗娟公司发展壮大的过程中，还有一个功不可没的重要人物，他就是我的老公王红旗。我老公虽然不善言谈，却是一个很内秀的人。我所遇到大大小小的事业难关，几乎都是在他的帮助和鼓励下度过的。旗娟公司自成立以来，所有的策划、创意、谋略、点子都是我与老公一起商量研究出来的，而他还要操持整个后勤工作。换言之，这些年，如果没有老公的鼎力相助和实力支撑，也就没有旗娟公司的今天。

我们相信，爱出者爱返，福往者福来。所以，我们也愿意把爱心奉献给社会，比如为家乡捐资助学。2019年6月24日上午，旗娟公司致富不忘桑梓，以实际行动回报家乡父老，在巩义市之朴中学举行了捐资助教活动，支持家乡教育发展。当然，在实力允许的前提下，我们愿意为社会做更多的奉献，帮助更多的人实现人生的梦想。

这些年来的经历，让我产生了一种非常深切的感受：站在他人的位置看问题，想人所想，才能更好地理解他人。换位思考，才能产生"同理心"。

曾经看到一个国外故事，有一位妈妈在圣诞节带着5岁的孩子去买礼物。大街上回响着圣诞赞歌，橱窗里装饰着彩灯，可爱的小精灵载歌载舞，商店里五光十色的玩具应有尽有。

"一个5岁的男孩将以多么兴奋的目光观赏这么绚丽的世界啊！"妈妈毫不怀疑地想。然而她绝对没有想到，儿子却紧拽着她的大衣衣角，呜呜地哭出声来。

"怎么了，宝贝？要是总哭个没完，圣诞精灵可就不到咱们这儿来啦！"她很不理解，为什么孩子对这个多姿多彩的世界不感兴趣，而要不停地哭泣。

"我……我的鞋带开了……"

妈妈不得不在人行道上蹲下身来，为儿子系好鞋带。她无意中抬起头来，啊，怎么什么都没有？——没有绚丽的彩灯，没有迷人的橱窗，没有圣诞礼物，也没有装饰丰富的餐桌……原来那些东西太高了，孩子什么也看不见。落在他眼里的只是一双双粗大的脚和妇人们低低的裙摆，在那里互相摩擦、碰撞，过来又往去……

真是好可怕的情景！这位妈妈第一次从5岁儿子目光的高度看向世界，她感到非常震惊，立即起身把儿子抱了起来。

在妈妈的眼里，展现出来的是个五光十色的世界，可是孩子却对这个世界不以为然，感到苦恼。因此，她对孩子的行为表示不理解。如果不是她弯下腰去为孩子系鞋带，她可能永远不知道孩子眼里所看到的是一个什么样的世界。

上面的故事虽然在讲小孩子的感受，其实也是在讲成年人的世界。我们说，爱出者爱返，福往者福来。你怎么做人做事，结果都会返回来。

心里装着他人的安乐，受益的不光是他人，还包括我们自己。时时处处为他人着想，其实就是在为我们自己着想。与人为善的行为就是命运，没有德行之人，再怎么奔波也是徒劳。

不会游泳，总换游泳池也没用

随着社会发展得越来越复杂化，我们面临的各种各样的挑战也更多，所以不少人都在抱怨环境，抱怨别人。

你改变不了环境，但可以改变自己；你改变不了事实，但可以改变态度；你改变不了过去，但可以改变现在；你不能控制别人，但能够掌握自己。

这让我想到一个小故事。很久很久以前，人类都还赤着双脚走路。有一位国王到某个偏远的乡间旅行，因为路面崎岖不平，有很多碎石头，刺得他的脚又痛又麻。回到王宫后，他下了一道命令，要将国内的所有道路都铺上一层牛皮。他认为这样做不只是为自己，还可造福他的人民，让大家走路时不再受刺痛之苦。

但即使杀尽国内所有的牛，也筹措不到足够的皮革，而所花费的金钱、动用所有的人力，也不可能把一切道路铺上牛皮。虽然根本做不到，甚至还相当愚蠢，但因为是国王的命令，大家都只能摇头叹息。

一位聪明的仆人大胆向国王提出建言："国王啊！为什么您要劳师动众，牺牲那么多头牛，花费那么多金钱呢？您何不只用两小片牛皮包住您的脚呢？"国王听了很惊讶，当即领悟，于是立刻收回成命，采纳了这个建议。据说，这就是"皮鞋"的由来。

看到这个故事，你会想到什么呢？

我想到了自己的经历。曾经的我，一遇到困难和人际关系的矛盾，就总是抱怨客观环境，埋怨别人。随着人生经验的增长和智慧的增加，我越来越认识到一个道理，那就是"凡有不得，反求诸己"。到外界和别人那里找原因派责任是没有用的，因为你未必能够左右环境和别人。我们唯一可以做的，就是从自身这里找原因。

在我看来，想改变世界，很难；要改变自己，则较为容易。与其改变全世界，不如先改变自己，这个国王"将自己的双脚包起来"，就是改变自己的某些观念和做法。当自己改变后，眼中的世界自然也就跟着改变了。如果你希望看到世界改变，那么第一个必须改变的就是自己。心若改变，态度就会改变；态度改变，习惯就会改变；习惯改变，人生就会改变！

在我们的团队里，原来也有不少家庭处于冷战或者热战状态的，有的甚至濒于崩溃的边缘。我也是本着"凡有不得，反求诸己"的宗旨，努力帮助这些人解开心结。心结一解，就像春日融冰，慢慢地一切都会冰雪消融。其实，感情、婚姻、家庭关系中，真正的智慧就是从改变自己做起。而现实生活中的人们，恰恰喜欢反其道而行之，所以才造成了众多的难以调和的矛盾与冲突。

不是还有一个寓言故事吗？曾经，有一只乌鸦打算飞往远方，途中遇到一只鸽子，它们停在一棵树上休息。

鸽子见乌鸦一脸疲惫的样子，关心地问："你要飞去哪里？"

乌鸦听后，愤愤不平地说："其实我并不想离开，可是这个地方的居民都嫌我叫声不好听，不断驱赶我，所以我只好飞到别的地方去。"

鸽子思索良久，语重心长地劝告乌鸦："别白费力气了，如果你不改变声音,飞到哪里都不会受欢迎的。"

不会游泳的人,老换游泳池是不能解决问题的;不懂经营爱情的人,老换男女朋友是解决不了问题的;不懂经营家庭的人,怎么换爱人都解决不了问题;不懂管理基本功,老换员工和客户是于事无补的;不懂正确养生的人,补品再好,吃得再好,都是解决不了问题的。自己是一切问题的根源,蜕变自己才是解决问题的关键。

电视剧《康熙王朝》中,孝庄对康熙说:"孙儿,大清国最大的危机不是外面的千军万马,最大的危难,在你自己的内心。"

有道是,我是一切的根源。要想改变一切,首先要改变自己!学习是改变自己的根本。其实,你爱的是你自己;你喜欢的也是你自己。你爱的、你恨的,都是你自己。你变了,一切就都变了。你的世界是由你创造出来的。你的一切都是你创造出来的。

没有比帮助别人成功更有意义的事情

人生阅历越丰富,越能领悟到一个道理:只有帮助别人,才能成就自己。所以,不要老是想从别人身上得到什么,应该想我能够给予别人什么,付出什么样的服务与价值来让对方先获得好处。当你坚持这么做,并且大量帮助别人获得价值,你也就该成功了。因为那些获得你帮助的人会慢慢凝聚成一股庞大的力量,回馈给你所需要的帮助与支持。成功的人都是主动付出的人,领导者都是先服务别人的人。然而一般人都等待别人先付出,都希望别人先服务他。只想获取,不愿先付出,人们会远离你。你失去人群的支持,就自然失去了成功。

有一则神话故事。一个人在离开了人世后，天国的导游为了让他深切明白天堂和地狱的区别，就带着他去两地参观。

首先参观的是地狱。那人看到地狱的人比人间的人瘦小很多，面黄肌瘦，骨瘦如柴。到他们餐厅一看，一口大锅，地狱的人围在锅四周急得团团转，和人间不一样的是，他们每人手里使用的是一米长的筷子，这样他们只靠自己根本无法吃到锅内的美味佳肴。为何会这样？探究原因，原来是他们用这么长的筷子，很难把美味佳肴送放到自己的嘴里。

然后导游又带着那人参观天堂。天堂与地狱的餐厅一模一样，一口大锅里装满了美味佳肴。奇怪的是，虽然天堂的人也使用一米长的筷子，但是每人都红光满面。一样的设施，为什么结果却会有天壤之别呢？

原来天堂的人不像地狱的人那样自私地用筷子往自己嘴里夹，而是用长筷子你夹给我，我夹给你，于是每个人都有饭吃！天堂和地狱的区别在于，地狱的人没有意识到帮助别人其实就是帮助自己，而天堂的人却明白这一点。

付出爱心，就会种下一片希望。对别人施与善行，就能够得到更加丰厚的回报，而为别人付出的时候，本身就体验到生命的快乐与幸福。

即便从做生意的角度看，帮助别人也是商业的逻辑起点。

让我们先从一个故事讲起。以前有一群人去沙漠淘金，其中有个小伙子淘了三个月也没有淘到金，就不想淘金了。正当准备离开的时候，他发现一个需求，即淘金队经常缺水，很多人都没有水

追梦人,世界都会为你让路

喝。这个需求量非常紧迫，他转念一想，不如专门给淘金队供水，这样也能赚到钱……

其实这个生意就是卖工具，就像马云一样，帮助中小企业做生意，提供工具和平台，于是你懂的……

不管是王建林还是马化腾，或是周鸿祎，或是李彦宏，都在做这样的工具和平台………

他们做的就是为个人或企业提供最好的平台或工具，因为，不管淘金队能否淘到金子，喝水是个刚性需求，这个钱少不了也省不掉……

当然，帮助别人还有更高的境界。

还有一个故事。一座城市来了一个马戏团。六个小男孩穿戴得干干净净，手牵手排队跟在父母身后，等候买票。他们兴高采烈地谈论着即将上演的节目，好像自己就要骑着大象在舞台上表演似的，兴奋不已。终于，轮到他们了，售票员问要多少张票，父亲低声道："请给我六个小孩和两个大人的票。"母亲心颤了一下，她扭过头把脸垂得很低。售票员重复了一遍价格。父亲的眼里透着痛楚，他实在不忍心告诉他身旁兴致勃勃的孩子们钱不够。

一位排队买票的男子目睹了这一切，他悄悄地把手伸进自己的口袋，将一张50元的钞票拉出来让它掉在地上。然后拍拍那个父亲的肩膀，指着地上说："先生，你掉钱了。"父亲回过头，明白了原委，眼眶一热，弯下腰捡起地上的钞票。然后，他紧紧地握住男士的手。

其实，只有当我们不带有任何的目的去帮助别人，去成就别人的时候，只有当我们将这种帮助别人的行为变成一种习惯之后，我们的人生才会发生不可思议的逆转。你想要的一切，将会自然而然地出现在你的生命中。当你想要发自内心地帮助别人时，你就会真切地发现，原来，得到最多的那个人，正是你自己！而要帮助别人，施与帮助的人就要有使命感。

很多人问过我：你现在已经很成功了，你这辈子不用再干什么都可以过得很好了，你在任何一个地方都可以生活得很好了，那么你为什么还到处去向成功的企业家学习，马不停蹄地四处奔走为大家分享成功经验呢？

因为，曾经有一位老师的出现，改变了我一生的命运。之后，我就告诉自己，在我未来获得成功的时候，我也要站在这个行业的舞台上，去帮助和影响更多的人改变命运。

在我个人的理解中，做慈善是小善，做好企业才是大善，因为做好企业既可以用产品帮助人，又可以使更多的人参与其中改变命运。

我知道，在这个世界上，一个人真正的成功不是你拥有了什么，而是你可以影响和照亮多少人前进的方向。

当看到一个又一个的生命，因为走进聚贤学习、成长、改变，当看到一个又一个的家庭因为走进聚贤变得温馨、有爱、幸福，我就悟到了自己的人生使命。同时我也认识到，一个有使命感的生命才是这个世界上最有意义的生命。曾经有一句名言说得好：一个有使命感的生命是这个世界上最伟大的作品，因为使命感可以造福更多的生命。

我要说的是，正因为使命感可以造福更多的生命，所以最终还是我们自己获得最大最多的收获。

第七章 打造家和事业的港湾

付出多少，价值多少

高尔基说过："给，永远比拿愉快！"可见，付出永远比获取更能体现人生价值。我个人认为，一个人所付出的只是这个人的价值所在。人们经常说"赠人玫瑰，手有余香"，也是这个道理。

或许我们一直都认为收获才会让我们感到快乐，但是付出何尝不是一种幸福呢？父母们辛勤劳作，早出晚归，尽管疲惫，但是他们仍然感到很幸福，只因为我们的快乐与成长。水居下而利万物，他们像这潺潺的流水一样默默地灌溉着我们。天地有大美而不言，或许只有他们自己才能体味到付出也是一种幸福。孩子们正是因为这种可贵的付出，才获得幸福成长。

华人影星、片酬最高的功夫明星李连杰在40岁后作出了一个决定，40岁后的人生要做慈善，帮助他人减少痛苦。他总结道："40岁前，小我，做自己喜欢的事；现在，大我，别人要做什么，我就做什么。"李连杰用他的经历告诉人们，为别人付出是他为之奋斗的事业。

帮助别人解决具体困难，自然是在做好事，而且一切都会有回报。当然还有更好的事情，尤其是让别人走上向上之路，那肯定是付出所获得的最好回报。

有一个卖花的小姑娘在回家的路上，还剩下一朵玫瑰花没有卖完。这时，她看到路边有一个乞丐，于是就把那朵玫瑰花送给了乞丐，然后开开心心地回家了！

这个乞丐从来没有想过居然会有小姑娘给自己送玫瑰花，也许乞丐从来没有用心爱过自己，也没有接受过别人对自己的爱。于是他做了一个决定，当天不行乞了，回家！

回到家之后，乞丐找出一个瓶子装上水，把玫瑰花插进去放在桌子上静静地欣赏着玫瑰的美丽。忽然，他似乎想到什么，然后马上把花拿出来，把瓶子拿去洗干净后，再把花插进瓶子里！原来他突然间觉得，这么漂亮的花怎么能随意插在这么脏的瓶子里呢？所以他决定把瓶子洗干净，这样才配得上美丽绽放的玫瑰！

他又坐在边上静静地欣赏着美丽的玫瑰，突然间他感觉这么漂亮的花和这么干净的瓶子怎么能放在这么脏乱的桌子上呢？于是他开始动手把桌子擦干净，把杂物收拾整齐！

处理完之后，他继续坐在边上静静地欣赏眼前的一切，突然间他感觉到这么漂亮的玫瑰和这么干净的桌子怎么能放在这么杂乱的房间里呢？于是他做了一个决定，把整个房间打扫一遍，把所有的物品都摆放整齐，把所有的垃圾都清理出房间……

整个房间因为有了这朵玫瑰花的映射而变得温馨起来！这时，他看到镜子中反射出一个蓬头垢面、不修边幅、衣衫褴褛的人，他没想到自己居然是这个样子，这样的人有什么资格留在这样的房间里与玫瑰相伴呢？

于是他立刻去洗了个澡，换上稍微干净的衣服，刮刮胡子，然后再照照镜子，惊喜地看到一个从未有过的年轻帅气的小伙出现在镜子中！

为什么要去当乞丐呢？这是他当乞丐以来第一次这样问自己，

他的灵魂在瞬间觉醒了，看看房间中的一切，再看看这朵美丽的玫瑰，他当下做出了一个人生中最重要的决定。他决定第二天不再当乞丐而是去找工作，因为他不怕脏和累。第二天，他很顺利就找到了一份工作。或许是因为心中盛开的玫瑰花激励着他，几年后，他成了一个非常有成就的企业老板。

若干年后，他终于寻找到当初送花给他的小姑娘，并把他一半的财产送给了小姑娘，不为别的，只为感激她在他沦落为乞丐时送给他那朵玫瑰。

那不仅仅是一朵玫瑰，而是一份对人生的希望，一份对美好未来的希望！这个故事不就是赠人玫瑰，手有余香的最好注解吗？

收获会让人变得快乐，这是小我的实现。付出让人变得高贵，这是大我的实现，付出比收获更可贵，更能触动我们的内心。落红的可贵是"化作春泥更护花"，柔水的可贵是"水居下而利万物"，没有贪婪索取，有的只是可贵的追寻与付出。所以西方的圣经说，施比受更有福。

打开内外兼修的任督二脉

现代的人们都在追求物质的丰足和精神的丰盈。古人也说："仓廪实而知礼节，衣食足而知荣辱。"意思是说：储存谷物的屋舍、粮仓殷实，人们就会懂得礼仪、礼貌；能吃饱饭，能有衣服穿，没有饥饿寒冷，人们就知道荣誉和耻辱。换句话说，人们的物质生活好了，才能提精神生活。

在传统的思维里,富足就是拥有大量的金钱和物质。从古至今很多人都为之倾尽全部心血,为了金钱甚至不惜放弃健康、尊严和善良。

英国戏剧家莎士比亚十分擅长讽刺那些爱财如命的人,比如他笔下的吝啬鬼夏洛克心胸狭窄,冷血又贪婪,莎士比亚将其一毛不拔的守财奴形象刻画得入木三分。尽管夏洛克为了金钱而机关算尽,但最后还是不免落得人财两空的下场。因此精神贫乏的人即使空有大量的金钱,最后还是不能得到快乐。

爱默生曾说过,第一位的财富应该是健康。在最新的富足理念中,便强调真正的富足应该是全新的,更有价值的生命货币,体现为丰盛、幸福、满足、健康与快乐。我们应该拥有与自己价值观相匹配的生活和工作,以及一个可以给自己支持、使自己充满活力的社交圈。我们可以喜欢钱,但千万不能做一个守财奴,你要明白除了财富之外,生命中还有很多东西值得我们去追求。

在我的理解当中,真正的富足,应该就是从富到贵,再从贵到雅的一个循序渐进的过程。生命的乐趣要建立在物质丰足的基础上,同时追求精神的满足和幸福。只有当我们理解了世界的本来面目,还依然热爱这个世界时,生命才会变得更有意义。世间万物,每天都在变换,每天都有新的机遇和挑战,我们唯一要做的就是时刻准备以最好的状态,迎接下一秒的惊喜。

也就是说,真正的成功不仅仅是获得丰厚的物质财富,还必须拥有丰富的精神财富,也就是拥有优秀的品格和丰富的内心。而优秀的品格和丰富的内心正是来自:待人友好亲和、勇于承担、善待他人、懂得帮助给予、心怀感恩之心、勤学不辍、值得他人信赖。

时间会沉淀真正的富有，物质富裕获得的是日子的踏实感，地位的上流获得的是人生的荣誉感，而丰盈的内心获得的却是灵魂的归属感。内心因丰盈而清透，精神因明朗而蓬勃，灵魂因丰富而深邃。

世界上最有钱的两个人——巴菲特和比尔·盖茨第一次见面的时候，两人聊得非常投机。晚饭的时候，盖茨的父亲问了大家一个问题：人一生中最重要的是什么？巴菲特的答案是"专注"，而盖茨的答案和他的一样！

无独有偶，乔布斯在接受《商业周刊》采访时也说过："专注和简单一直是我的秘诀。简单比复杂更难：你必须费尽心思，让你的思想更单纯，让你的产品更简单。但是这么做最后很有价值，因为你一旦实现了目标，你就可以撼动大山。"

苹果CEO库克说他从乔布斯身上学到很多东西，其中有一项就是：专注。他认为，乔布斯笃信简洁而不是繁复，没人知道电脑可以做成这样，直到乔布斯把它拿出来。

专注就是把注意力全都集中到某项事物上，与你所关注的事物融为一体，不被其他外物所干扰，因而也不会因为有太多选择而焦虑。专注是把事情做成功的关键因素。正是因为专注的艰难，才成就了盖茨、巴菲特和乔布斯。

当然，在讲究物质追求与精神追求内外兼修的情况下，只有在相当于打开人体的任督二脉时，才能获得专注的能力。

确立向上向善的人生追求

不论做人做事业，都应该首先确立向上向善的价值观，因为做人做事业的价值观必然决定着人生及事业的成败。

简单说，就是"做正确的事，把事情做正确"。其实，如果一个人总能选择做正确的事情，并且能把事情做正确，自然会立于不败之地。但什么事情是正确的事情？如何把事情做正确？何为正确与否的评判标准？我们给出的答案是"本分"，这也是我们认为的做人及做事业的核心秘籍。

以企业为例。所有企业的基本原则都是相同的，比如保证产品的质量，比如守信用等，关键是能不能坚持。就拿信用来说，谁都知道应该遵守，但关键要看一旦要付出代价时能不能做到。举个简单的例子，向别人借了钱，还钱是应该的，这跟以后要不要再借没有什么必然的联系。而有的企业不是这样，他们把讲信用变成了一种手段，因为我还要跟你打交道，所以我就讲信用；如果我以后不再跟你做生意了，就会找各种理由赖账，这就是不够本分。

再比如碰到一件有利可图的事情，企业到底该不该做？在我们看来，如果这件事违背了"本分"的原则，就不应该做，否则内心会受到道德拷问，客观上也会破坏自己的形象，给企业将来的发展造成不利影响。

"本分"的价值观，正是我们判断一件事情正确与否的重要标准，也是我们把事情做正确的重要依据。

被称为日本四大经营之神之一的稻盛和夫，一生之中创造了京瓷和 KDI 两家世界 500 强企业，近 80 岁高龄时，又受日本首相之邀，出任已经破产的日本航空公司董事长。一年之后，他就让日航这家巨无霸企业扭亏为盈，迅速复活。

稻盛和夫被看作是经营企业"神"一般的人，而其之所以能创造出经营企业的奇迹，主要取决于他经营企业的价值观。

稻盛和夫创业之初，企业非常弱小，营销的问题、财务的问题，还有很多他不懂的事情都需要迅速做出决断。而这些问题，哪怕有一个判断错误，都可能关系到企业生死。出身技术员的他缺乏这类判断所需的知识，也没有经验，但他却能做到很少犯大错误。

管理企业时，经常有员工之间、部门之间为了工作的事情，意见产生分歧，争执不休，最后问题的裁决权，往往推到了社长稻盛和夫这里。他往往能用很短的时间，给出大家心服口服的答案。

稻盛和夫有什么特殊的本领？他说方法很简单，用一句话就可以表达，就是："作为人，何谓正确？"

稻盛和夫说，在人生的各种关头，人们总有遇到各种诱惑、迷惑、烦恼、痛苦、困顿的时候，而"作为人，何谓正确？"这一原则就成为他进行抉择和采取行动的评判标准。这种判断标准是以人类与生俱来的良心为基础的最基本的伦理观和道德观。

比如作为一个人要正直、不撒谎、不贪婪，等等，这些道理都是在儿童时期，父母和老师就教导过的，是任何人都懂得的作为一个人理应遵守的简单而纯朴的道理。而经营企业时，什么事情是该做的，什么事情是不该做的，评判的标准也不能脱离最基本的道德规范。

追梦人,世界都会为你让路

在日本房地产泡沫期间,很多企业争先恐后参与投资不动产。当时稻盛和夫的企业京瓷通过多年辛苦奋斗,积累了巨额现金存款。许多人都劝他投资地产,连银行的人看他"不开窍"都恳切地教他如何赚钱。

但稻盛和夫认为,通过囤积土地就能赚钱的方式,即使能赚钱,也是不义之财,不是正确的事情。所以在巨额暴利面前,他告诫自己"不起贪念"。结果,日本地产泡沫破灭之后,很多企业陷入破产境地,但京瓷却从一家小作坊企业,成长为世界500强,并发展至今。

稻盛和夫说,要做出公正的、准确的判断,关键是有一双纯净的、不带偏见的眼睛,不被细枝末节所蒙蔽,直奔问题的根源。而根源就是这件事怎么做才符合社会的道德规范,符合人类的良知。

稻盛和夫正是遵循这一价值观的规范去经营企业,选择正确的事情并以正确的方式贯彻始终,成为日本一代经营之神。

其实企业与人一样,往往对自身的蜕变很难察觉。那些由盛而衰的企业,开始也都认为自己不会重蹈覆辙。但由于缺乏积极的企业价值观念,这些企业的经营者很难抵御诱惑和挫折。由于缺乏明辨是非的标准,随着环境的改变,他们自身还会发生堕落。这也就不难理解,为什么很多明星企业最终变成了"流星"。

而那些秉持向善、向上价值观的企业,因为有了价值观作为标准,总能选择做正确的事情,并在企业经营的过程中,照顾到企业的方方面面,把事情做正确,最终实现正道成功。

换言之,只有合于正道的成功,才是真正的没有后遗症的成功。否则,都是暂时还没有露馅的失败而已。

第八章
有能量自然可以吸引人

现代社会，人们经常谈论"气场"。事实上，不同的人确实存在着不同的气场强度，有的人气场强大，有的人则气场弱小。

可以说，气场是一个人的综合的气质特征，是一个人对自己命运的掌控，也是一个人自信与底蕴的显现。也可以说，所谓气场就是一个人内在能量的体现。你提高了能量，才能吸引到高能量的人。

白手起家的富翁也许会输掉万贯家财，但是他们不会失去那个让他们获得成就的最重要的因素，也就是他们那颗"有钱人的脑袋"。

清代名臣曾国藩很会识人。有一次，李鸿章带了三个人给曾国藩看，曾国藩散完步看了一下，就说自己已经知道他们的底细了。李鸿章很惊讶，曾国藩说道："在散步时，那三个人我都看过了。第一个低头不敢仰视，是一个忠厚的人，可以给他保守的工作；第二个喜欢作假，在人面前很恭敬，等我一转身，便左顾右盼，将来必定阳奉阴违，不能任用；第三个人双目注视，始终挺立不动，他的功名，将不在你我之下，可委以重任。"后来三人的发展果然不出曾国藩所料，而第三个人就是治理台湾有功的刘铭传。

也就是说，一个人的能量是可以体现出来，并且能被观察到的。

人与人的本质差别在格局上

我一直坚持一个观点，多和成就层次比较高的人交流学习，这样才能不断提升自己的段位。有句话说得好：一个人的成就不会超过他格局的高度。

人想要突破自身的局限取得一些成就，就必须学着改变自己的一些特质。首先需要提升的就是格局，其实人和人最大的不同就在于格局上的差距。在自身格局还不够大的时候，应该多向一些大格局的人学习，努力提升自己很有必要。

格局就是一个人看问题的高度，格局高的人看问题自然要高于普通寻常人。一个人格局有限，以为自己看到的就是问题的全部，所以人才会很自信，甚至自信过度，变成自负。

改变自己的格局，相对于改变其他的一些特质还是比较容易的。身处在一个充满竞争的时代，最终还是综合素质的比拼，长相、背景、学历、能力，等等，有些可能属于天生，我们更应该积极地改变那些可以后天形成的、可以改变的。人生如同魔兽世界，每一个种族都有它的优缺点，如果克服了种族的缺点就会成为种族的强者，如果又同时掌握了其他种族的优点就有可能成为种族的领袖。

所以改变自己很重要，改掉自己身上一些不好的毛病，才更有可能成功。每个人都说自己与众不同,其实人都差不多,自己处在一个什么样的圈子就决定自己拥有什么样的品质,达到什么样的层次。

也就是说圈子很重要,一个人最大的成就很难突破他所在的圈层的高度。优质的圈子自然能带来很多优质的资源,所能带来的各方面的提升自然会更卓有成效,因此多加入优质的圈子对于格局的提升有很大的帮助。其实普通人改变自己唯一可以改变的,也就是改变自己的态度,就可以使格局上先发生一些改变。正是格局上的差距,才造成了个人在成就上的巨大差距。很多时候,如果无法冲破狭隘的格局去看待自己所处的这个世界,那就很难取得大的成就。

你也可以做80/20法则中的20

知道80/20法则的人应该不在少数。简单说,在任何一组东西中,最重要的只占其中一小部分,约20%,其余80%尽管是多数,却是次要的,因此又称二八定律。

例如,在企业中,通常80%的利润来自于20%的项目或重要客户;经济学家认为,20%的人掌握着80%的财富;心理学家认为,20%的人身上集中了80%的智慧等。

同时,80/20法则也揭示了下面这些道理。

20%的人用脖子以上来赚钱,80%的人用脖子以下挣钱;

20% 的人正面思考问题，80% 的人负面思考问题；

20% 的人做事业，80% 的人做事情；

20% 的人重视经验，80% 的人重视学历；

20% 的人知道行动才有结果，80% 的人将知识停留在书本上；

20% 的人爱投资，80% 的人爱购物；

20% 的人有目标，80% 的人爱瞎想；

20% 的人在问题中找答案，80% 的人在答案中找问题；

20% 的人放眼长远，80% 的人在乎眼前；

20% 的人把握机会，80% 的人错失机会；

20% 的人计划未来，80% 的人每天早上才想当天干什么；

20% 的人按成功的经验做事情，80% 的人按自己的意愿来做；

20% 的人可以重复做简单的事情，80% 的人不愿意做简单的事情；

20% 的人明天的事情今天做，80% 的人今天的事情明天做；

20% 的人想如何能办到，80% 的人认为不可能办到；

20% 的人受成功人的影响，80% 的人受失败人的影响；

20% 的人相信以后会成功，80% 的人受以前失败的影响；

20% 的人努力改变环境，80% 的人不愿意改变环境；

20% 的人改变自己，80% 的人改变别人；

20% 的人爱争气，80% 的人爱生气；

20% 的人鼓励和赞美，80% 的人批评和漫骂；

20% 的人会坚持，80% 的人爱放弃。

具体到时间管理领域是指，大约20%的重要项目能带来整个工作成果的80%。并且在很多情况下，工作的前20%时间带来的效益占所有效益的80%。推而广之，我们可以认为，在任何大系统中，80%的结果是由该系统中20%的变量产生的。

80/20法则对我们的一个重要启示便是：避免将时间花在琐碎的多数问题上，因为就算你花了80%的时间，你也只能取得20%的成效；你应该将时间花在重要的少数问题上，因为掌握了这些重要的少数问题，你只花20%的时间，即可取得80%的成效。

作为我们自己来说，最应该思考的问题则是：

你是属于80%的人，还是20%的人？

你想成为80%的人，还是20%的人？

坦率讲，我刚刚知道80/20法则的时候，感觉自己游离在这80与20之间，但更多的是在80这边。从这个时候开始，我不得不提醒自己，我的脑中还从没有一个正确的人生定义，它到底包括哪些方面，我还不是很清楚。怎么办？当然是从加强认知与调整心态做起。否则，人就会浑浑噩噩不知道自己在做些什么，今后的目标是什么，这样的人生显然是非常可悲的。

举例说，大家都一味地想为什么别人能过上好日子，而我却在这里做苦力？那些人凭什么坐在那里，指挥别人做事，却赚很多钱过好日子？这就是80%的人用脖子以下（体力）赚钱，20%的人用脖子以上（脑力、思考、正确的方法）赚钱的原因。

很多人想去改变别人,却从来不知道问题竟然出在自己身上,从来不去反省自己的身上存在哪些问题需要改正。他们一碰到问题就会想到以自身的能力是无法做到的,于是他们不再坚持,而是马上放弃,去寻找另一个简单的目标,去更容易地完成这些目标。这样一来,他们最终只能成为 80% 的人。

80% 的人之前可能在某方面受挫,而最终受其影响,不能走出过去的阴影,从而失败。他们太容易放弃,以致失去一个对他们自己有利的目标。而 20% 的人却恰恰相反,他们做到了,贵在坚持,坚持自己的原则、处世方法、目标,相信自己一定能够取得胜利,因为他们有足够的信心。

80/20 法则还启示我们:人生中应避免将时间花在琐碎的多数问题上,因为就算你花了 80% 的时间,你也只能取得 20% 的成效,出色地完成无关紧要的工作是最浪费时间的。你应该将时间花在重要的少数问题上,因为掌握了这些重要的少数问题,你只花 20% 的时间,即可取得 80% 的成效。所以我们要学会"不钓小鱼钓鲸鱼",如果你抓了 100 条小鱼,你所拥有的不过是满满一桶鱼,但如果你抓住了一条鲸鱼,你就不枉人生此行了。

那么什么是大智大巧应该重点关注的问题呢?比如价值观的问题、人生格局的问题,这些才是根本问题。

有梦想才会吸引人

有道是:小梦想的跟着大梦想的干,没梦想的跟着有梦想的干。

一个企业老板,如果想统领人心,前提是先拥有梦想。你一定要让员工感受到,你是一个干大事的人。

很多时候,老板们经常抱怨好不容易培养起来的人才结果干了几年翅膀硬了就走了,甚至成为竞争对手。其实,这种情况的出现是很正常的。

员工为什么会走呢?因为员工会觉得他能到更高的地方去,人往高处走。

乔布斯在做苹果的时候是一个技术天才,并不是特别懂营销。为了改变苹果的营销体系,他去挖百事可乐的全球总裁约翰·史考利。当时,他是怎么请动约翰·史考利的呢?

乔布斯问了约翰·史考利一个问题:"你是打算后半辈子继续卖红糖水,还是跟着我乔布斯一块儿去改变世界?"最终,约翰·史考利决定跟着乔布斯一起改变世界。

乔布斯用了一个更大的梦来告诉史考利,你的人生可以有更大的价值,你不是卖红糖水的,你是改变世界的,这就是魄力。

马云当年去挖一个人叫卫哲。卫哲是500强公司百安居中国的最年轻的总裁，才 32 岁。

当年马云去挖卫哲的时候问："你百安居中国如果业绩要在中国翻一倍，要多少年，要投多少钱？"卫哲回答："要三五年，要投两三百亿。"然后，马云说："你跟我干吧，你到我们这来，我们业绩翻一倍只要半年，而且我们不用投多少钱，我们只要加几台电脑和服务器就行。"马云的话给了卫哲极大的想象空间。最后卫哲加入了阿里巴巴团队，创办了淘宝，成为今天阿里巴巴最值钱的一项业务。

所以真正招来的高手都不是用钱招来的，而是用一种东西把他吸引过来的，这种东西我们把它称为梦想。

因为梦想走到一起的人，往往可以走得更远；因为薪酬走到一起的人，可能某一个企业出了更高的薪酬，他就离你而去了。

所以用什么缘结合在一块儿非常重要，有的人用情缘，有的人用利缘，而有的人是用事缘。事缘是最持久的缘分，这个缘分就是梦想。

那些没有梦想的老板，走到哪都眼睛无神，不断地问别人"你有什么项目可以投资吗""你那个行业好不好"，这样的老板是不可能吸引来人的。为什么？因为他的内心是干涸的，他是没有梦想的。

只有更大的梦想，才能吸引更顶尖的人才。当然，梦想再大，也应该是能够实现的。

你生命中的一切都是你自己吸引来的

畅销书《秘密》里提到了"吸引力法则"：你生命中所发生的一切，都是你吸引来的。

实践证明，"好的""一定会有办法的""没问题"，每天都能说出这种积极话语的人，他们的每一天都过得非常顺利，即使遇到了困难，他们也能够渡过难关。

相反，每天都嚷着"太糟了""太让人气愤了""没办法了"的人，遇到的挫折特别多，运气也显得特别糟糕。

如果你看不清自己，那么，就试着看一下周边的人与事，你一定会发现人们都过着他们嘴上所说的人生。

注意：特别是跟钱有关的事情，这一点会更明显。

每天叫着"没钱"的人，真的都是跟金钱无缘的人。这里最关键的信息不是"因为穷而没钱"，而是"天天说着没钱，所以穷"。

你必须要意识到，每天从自己嘴巴里说出的话拥有很大的威力，所以你需要积极主动地去改变自己的话语。

每天你所说的话，都给你的每一天指明了方向。这就是宇宙法则。

积极的语言才能把你带向美好的人生。

语言就如同把飞机带到目的地的自动引擎，只要按下按钮，它就一定能把我们带到目的地。

包括你自己的身体，你总是说自己不舒服你就会真的不舒服。不管得了什么病，在积极的药物治疗和营养修复过程中，你都必须保持积极的语言。

你嘴上说的自己，就是你自己！

快乐成功的人每时每刻都会觉察自己在看什么、听什么、说什么、做什么。

你每个当下都在创造你的未来，你是这部电影的主演，这是你的人生，你自己说了算！

所以从此时此刻开始，让我们只看、只听、只说、只做美好的事情！！每天对自己说对他人说：我多么幸运！我多么美丽！我多么智慧！我多么健康！我多么富有！我多么善良！世界多么美好！……

面对工作和问题，永远只说"好的！""没有问题！""一定会有办法！"

不要怀疑，简单相信，不要动心机，只管这样去做！

其实，许多人抱怨的初衷都是博取他人的同情或获得他人的认可，但是这却是一项消耗自己的同时也消耗他人的最无意义的举动。

对于聆听者来说，当时的同意或认可或许是有的，但若长期作为倾诉者的情绪垃圾桶,不仅会对自己的友情价值产生怀疑,而且会不可避免地受到一些消极观点的影响,从而导致自身也走向消极。

对于倾诉者来说,抱怨让人把精力聚集在问题层面,而不是去想办法解决问题。最终,抱怨除了把不满的情绪放大以外,对抱怨者的境遇不会有任何改变。

消极的思想就像我们通过抱怨播撒在这个世界上的种子,它们会生根发芽,生出更多的消极因素。

若想法是消极的,收获的结果必然不乐观,而且消极思想还会以蔓延之势侵入骨髓,摧毁人的意志。

与其牢骚抱怨,不如反思自己:在不尽如人意的处境里,我可以做些什么呢?

永远记得:抱怨不能解决任何问题,能管理自己的情绪并掌握自己的命运,才是真本事。

能量有多强大,命运就有多顺利

在这个世界上,没有人不渴望成功和幸福。可是,很多人在越来越沉重的压力下失去了理想和斗志,心也渐趋麻木。当生活一天天被消极、浮躁、彷徨、烦闷和无聊所充斥,成功似乎正与大多数人渐行渐远。于是,很多人对人生、对自我产生了诸多困惑,甚至是怀疑:

第八章 有能量自然可以吸引人

为什么我们渴望改变现状，却找不到突破的门径？

为什么我们在人群中谈笑风生，内心却常感孤独？

为什么我们向往美好的人际关系，却陷在当下的糟糕人际泥沼中？

为什么我们步步谨慎唯恐失败，失败却接踵而至？

为什么我们虽处在繁华都市，却依旧像孤岛上的鲁滨孙？

为什么我们一直追求积极的人生，现实中却总是在消极中度日？

显然，在这个人们普遍怀有焦灼、纠结和郁闷感的时代，我们有太多的困惑需要消除。如果说人生就是一次次的选择，那么，在面对选择的时候，我们一定希望拥有一种能调整自己心态、提升自我潜能的力量。

是什么让人们激发了生命潜能创造奇迹？实际上都源于我们内心的正能量，只有正能量才能激发我们的无限潜能。

"正能量"这个词，在当代社会越来越流行，当然也有很多滥用。那么，到底什么是正能量？其实，简单来说，正能量就是一切正面的心态、情绪及由此引发的积极向上的人生态度，如信念、乐观、自信、积极、热情、坚忍、持之以恒，等等。更为关键的是，无论什么时候，正能量总会主导人们采取积极而正向的行动，并给人以向上的原动力和不灭的希望，激励我们自己用语言，用行为来自我暗示、自我催眠，去相信未来，去让我们的内心更坚定、更强大！

很多超越常理的事实告诉我们，积极的正向意识往往能够激发人的潜能，从而导致奇迹的发生。这种积极的意识就是正能量的重

追梦人，世界都会为你让路

要来源。所以，潜能是成功的关键，而正能量则是激发潜能的关键。

通过正能量的强化，人的潜能不断被激发，人的整体能力就会得到不同程度的提升——正能量越强，他的能力就会越强，最终让他达到足以取得成功的高度。

事实上也是如此。在很多成功人士看来，正能量的重要性远大于能力。

麦当劳的缔造者雷·克洛克的座右铭是："'才华'不能：才华横溢却一事无成的人并不少见；'天才'不能：是天才却得不到赏识的人屡见不鲜；'教育'不能：受过教育而没有饭碗的人并不难找——唯有恒心加决心才是万能的。"

恒心和决心无疑都是正能量的源头。很多高人不重才能而重恒心、决心，恰恰反映了正能量对于成功的重要意义。

我们着重强调正能量，不仅因为它的重要性，更因为它的难以获取。这是因为在寻求生存的过程中，不管一个人多么懒惰、消极，他总能通过近乎"本能的学习"被动地获得一定的能力；然而正能量却在更大程度上受着惰性本能的羁绊，它需要人们主动去获得，而且多数时候都会面对难以想象的艰难挑战，比如极具破坏力的负面意念和情绪——我们可以称之为"负能量"。

负能量的破坏性，与正能量的建设性不相上下。一旦我们被制造负能量的负面情绪控制，健康的身心就会发生可怕的病变，这些情绪包括：愤怒、厌烦、失望、担忧、抱怨、自私、多疑、恐惧、嫉妒、消极、委屈、失落、抑郁、憎恨、内疚、贪婪、狭隘，等等。在这些情绪的腐蚀下，你将一事无成，甚至患上严重的生理或心理疾病。

相对而言，在惰性本能的驱使下，负能量往往表现出远超正能量的增长势头及很强的传染性。但正、负能量之间永远是此消彼长的关系，所以我们获得正能量的主要途径，就是用尽一切方法压制负能量。比如，我们可以通过保持良好的心态，训练正面的潜意识，积极地进行自我暗示，适时地进行情绪调控，远离负能量携带者等方式，调动、保持和强化自己的正能量。

成功吸引成功

根据吸引力定律，我们生活中的一切事物都是自己吸引来的。人是一块活动的大磁体，我们每天都在以自己的想法吸引着周围的人和事物、资源，还有环境来配合我们的想法，使得我们的外在世界与内心想法相一致，最终达到外在的环境与内心世界的和谐。

你所拥有的一切都是你曾经所期待过的，也都是你吸引过来的。你自己是一个什么样的人，你的朋友就是什么样的人。你是否已经发现，你的朋友跟你在很多方面都很像。如果你想要吸引来更棒的朋友，那么请你先把自己变成一个更棒的人。

有道是，成功吸引成功。你是什么样的人就会吸引什么样的人，你是什么样子的人就会找什么样子的人。这叫物以类聚，人以群分。为什么会这样呢？这很正常，有共同语言共同话题，大家都一样都差不多，有同样的收入同样的消费水平。都是同频率的人，才属于同一类人，才能同频共振。

优秀的人总是会吸引到优秀的人。曾经听过的一个关于李嘉诚和他助理的故事,这个故事的版本有点多,但是核心内容却是一样的:

李嘉诚的女秘书跟李嘉诚工作了20多年,准备辞职离去。

李嘉诚看她兢兢业业干了这么多年,为了能让她安度晚年,拿了200万元支票给她。

女秘书说不用了,一两千万还是拿得出来的。李嘉诚很诧异,问:你每个月只有五六千元的收入,怎么能存下这么多!

女秘书回答:"我跟着您参加会议,您在后面打电话的时候说买哪个地方的地皮,我也会去买一点;您说要买哪只股票的时候,我也会去买一点股票,到现在也有一两千万的资产!"

跟着百万赚十万,跟着千万赚百万,跟着亿万赚千万。一根稻草不值钱,绑在白菜上,就是白菜的价钱,绑在大闸蟹上就是大闸蟹的价格。

跟着苍蝇进厕所,跟着蜜蜂找花朵。跟积极的人在一起,你就是积极的;跟消极的人在一起,你就会出口成"脏"。

众所周知,李嘉诚是一位了不起的商界成功人士。其实,他的这位女秘书也是一位非常优秀的人,否则也未必有这样的本事。

自己不优秀的人,或者说压根儿没想过要努力为未来奋斗的人,即便是站在了一大堆的成功人士之间,也只会是一个看着成功人士继续成功的路人甲。因为不忙着优秀自己的人,对于什么事情都不会有努力去做的心态。所有能够从成功人士身上学到的闪光点,在平庸的人身上都无法看到。

生活中大家可能会有体会,街边本来很干净,有一个人不注意随手扔了袋垃圾在那里，以后有人路过那里刚好也有垃圾要扔，那么他也会随手扔到那里。这样假如一直没有人过来清理的话，就会有更多人把垃圾扔到那里，诸如碎纸、塑料袋、果皮，等等，甚至还会有人往上吐痰，更有甚者还会去那嘘嘘。这样一来，原本很干净的路边，就真的变成一个大垃圾堆了。

我们的心里其实和路边的垃圾是一样的，老是去抱怨、批评、指责他人，那么心中就会积聚很多垃圾，别人听到了我们充满负能量的倾诉，他们的心里也会有垃圾，也会随处发泄，由此进入恶性循环，导致累积在你心里的垃圾也变得越来越多，直至有一天你们都成为一个大垃圾桶！这些都会影响你的学习、工作和生活，导致你生活在一个恶性循环之中不能自拔！

所以成功的人一定是善于控制自己情绪的人，他们从来不抱怨，即使会发脾气，也不会让别人看见。那么从现在开始及时清理掉心里的垃圾吧，不要让别人知道你是一个垃圾桶。

人们常说，人往高处走，水往低处流。其实，人人都希望向成功者靠拢。当你足够优秀的时候，你想要的一切都会主动来找你。当你能力不够的时候，不要以为挤进一些圈层就够了。当你自身够强大的时候，优秀的人会主动来跟你交流。

第九章

先学会驾驭成功而非被成功所驾驭

众所周知，成功是每个人长期奋斗、追求的目标。成功所带来的喜悦心情和激励作用是不言而喻的。但是，我们也应该清醒地认识到，成功对于人来说是一把无情的"双刃剑"，如不能正确对待成功，就会走向反面，即由成功转化为失败。

说到底，驾驭成功就是驾驭人性弱点。多少人能力出众，却栽在追逐成功的途中，原因就是没有克服人性弱点，沦为成功的奴隶。

大家知道，每个人最大的敌人是自己。所以人们常说，要想获得成功，就要战胜自己。从本质上来说，战胜自己其实就是控制自己。再进一步来说，控制自己实际上就是成为自己的主宰，控制自己各种各样的情绪，这样才能成为自己的主人。人吃五谷杂粮，有七情六欲。所谓七情，指的是喜、怒、哀、乐、爱、恶、欲等情绪。在这些情绪中，有的是表示高兴和喜悦，有的是表达悲伤和绝望，有的是代表善良，有的是代表邪恶，总而言之，都体现了人们面对各种各样的人和事物时的情绪。自古以来，先哲们都提倡喜怒不形于色，宠辱不惊。实际上，这说起来是一句简简单单的话，做起来却很难。

其实，当你能控制自己意识的时候，你就能控制人生。记得一个名人曾经说过，一个人对自己的控制力有多大，成就就有多大。

成功需要很强的自律能力

无论是从成功的角度还是从解决问题的角度,自律都是一个成功者必备的能力。李嘉诚说:"自律是修身立志成大事者必须具备的能力和条件,希望每个人都能做到自律!"

从本质上讲,自律就是在被迫行动之前,勇敢地去做你必须自动做的事情。

自律通常与你不想做或懒得做但必须做的事情联系在一起。例如,刷牙和洗脸是你每天必须做的事情,但是有一天你筋疲力尽地回到家,如果你直接上床睡觉,就是在放纵自己的行为。如果你克服身体疲劳,坚持洗漱,这就是你自律的表现。人们经常遇到困扰他们或阻碍他们行动的事情,在这种情况下,你应该克服情绪的干扰,接受考验。

一般来说,自律有两种方式:一种是做应该做但不想做的事;另一种是不做不能做的事,不做不应该做但想做的事。例如,你坚持早上锻炼,有一天天气很冷,你不想在寒冷中锻炼,但你最终还是坚持锻炼,这属于前者。后者有更高的性能。你喜欢吸烟,但是当你来到无烟房间时,你必须抵制内心的欲望避免吸烟。

在正常情况下,自律和意志是紧密相连的,那些意志薄弱的人自律能力较差,而意志坚强的人有很强的自律能力。加强自律也是磨炼意志的过程。

在现代社会，人们面临着越来越多的诱惑。那些不能自律的人通常是情绪化的，会放弃那些原本可以完成的事情。这是成功人士的一个大忌。一个成功者的必备习惯是先控制自己，然后控制别人。那么成功者的自律在哪里呢？下面阐述三个观点。

1. 世上最难控制的是自己。

在这个世界上，只有自己是最可怕的，只有自己是最难对付的。有些人可以成就事业，而另一些人却一事无成。除了因为拥有不同的机会，还因为有些人勤奋，有些人懒惰。虽然有些人很勤奋，但他们的注意力并不集中，而且他们总是粗心大意，朝秦暮楚。为了克服粗心的坏习惯，我们必须用顽强的意志力来约束自己，一次只能完成一件事。控制自己，养成这样的习惯，循序渐进，慢慢培养自己的习惯，这是成功的关键。

2. 有自制力才能控制别人。

人们常说以身作则，只有当你做得足够好时，你才能说服别人。同样，只有有自控力的人，才能很好地控制他人。

3. 自制才有可能成功。

自我控制是成功的必备素质。人有世俗的欲望是人的本性。然而，也有一些想法超出了自己条件允许的范围。自控意味着控制自己的欲望。正如古人所说："食色美味，高屋亮堂，凡人即所想得，但得之有度，远景之事，不可操之过急，欲速则不达也，故必须控制自己。否则，举自身全力，力竭精衰，事不能成，耗费枉然。"

自我控制不仅是对欲望的物质约束，对于渴望成功的人而言，也是一种精神约束。毕竟，衣服、食物、住所和交通工具都是身体之外的东西。许多人可以约束自己对物质的追求，但不是每个人都可以约束自己的精神和意志力。

自律在一个人的事业中起着重要作用。加强自律有助于磨砺思想，形成良好的品格，使人走向成功。

当然，自律的培养是一个长期的过程，不是一蹴而就的。因此，要自律，首先必须勇敢地面对来自各方面的挑战，不要轻易放纵自己，哪怕只是小事。

同时，自律也需要主动性。它不是来自环境或其他方面的压力下采取的行为，而是在被强迫之前采取的行为，前提是要自觉自愿地去做。

在日常生活中，经常提醒自己要自律。同时，你可以有意识地培养自律。例如，针对自己的性格缺点或不良习惯，限定时间，集中精力纠正，效果会更好。

永远不要放纵自己，给自己一个借口，对自己要求严格。随着时间的推移，自律不仅会成为一种习惯，也会成为一种生活方式，同时还将是你迈向成功的必备能力。

人生最难是战胜自己

人一生一定会过各种各样的难关,但是最难过的还是战胜自己这一关。这一关看起来简单,但是我们自己本身就是自己最大的障碍。所谓旁观者清,当局者迷,就是这个道理。

人的一生,总是在对自然环境、社会环境、家庭环境进行适应,也在努力克服各种不适应。因此有人形容人生如战场,勇者胜而懦者败;从生到死的生命过程中,所遭遇的许多人、事、物,都是战斗的对象。

其实,自己的心念,往往不受自己指挥,那才是最顽强的敌人。

日本有一个学业优秀的青年,去报考一家大公司,考试结果名落孙山。这位青年得知这一消息后深感绝望,顿生轻生之念,做出轻生的举动,幸亏抢救及时,方才未遂。

不久传来消息,他的考试成绩名列榜首,是统计考分时电脑出了差错,他被公司录用了。但很快又传来消息,说他又被公司解聘了,理由是一个人连如此小的打击都承受不起,又怎么能在今后的岗位上建功立业呢?这个青年虽然在考分上击败了其他对手,可他没有击败自己心理上的敌人,他的心理敌人就是惧怕失败,对自己缺乏信心,遇事自己给自己制造心理上的紧张和压力。

在追求成功的道路上，我们发现一部分人失败了，而另一部分人却成功了，这究竟是什么原因呢？这其中的主要原因是：前者是被自己打败，而后者却能打败自己。

一个人要走向成功，靠的不是投机取巧，不是耍小聪明，靠的是信心。弗洛伦丝·查德威克是世界著名的游泳健将。有一次，她从卡得林那岛游向加利福尼亚海湾，在海水中泡了16个小时，只剩下一海里时，她看见前面大雾茫茫，潜意识发出了"何时才能游到彼岸"的信号，她顿时浑身困乏，失去了信心。于是她主动要求结束挑战，上跟从的小艇上休息，失去了一次创造纪录的机会。

事后，弗洛伦丝·查德威克才知道，她已经快要登上成功的彼岸，阻碍她成功的不是大雾，而是她内心的疑惑，是她自己在大雾挡住视线之后，对创造新的纪录失去了信心，然后才被大雾所俘虏。过了两个多月，弗洛伦丝·查德威克又一次重游加利福尼亚海湾，游到最后，她不停地对自己说："离彼岸越来越近了，我这次一定能打破纪录。"她顿时浑身来劲，最终坚持不懈，实现了目标。

人有了信心，就会产生意志的力量，人与人之间、弱者与强者之间、成功与失败之间最大的差异，就在于意志力量的差异。

人一旦有了意志的力量，就能战胜自身的各种弱点。

当你有勇气的时候，就能战胜自己的懦弱。当你勤奋的时候，就能战胜自己的懒惰。当你廉洁的时候，就能战胜自己的私欲。当你谦虚的时候，就能战胜自己的骄傲。当你宁静的时候，就能战胜自己的浮躁。

一个人有了信心，有了意志的力量，就具备了敢于挑战自己的素质，就能做成在这个世界上能做的任何事情。

所谓的竞争，其实不是和别人争，是和谁争？是和自己争，是和自己的烦恼习气做斗争。没有别人能够把你打败，真正能够打败你的只有你自己。只有能够战胜自己的人，才是无往不胜的。

如果我们很贪财，一定要记住《大学》上的一句话："货悖而入者，亦悖而出。"如果钱财是以不好的、不正当的方式获得的，那必将以不好的方式败散掉。"德者本也，财者末也。"德行是根本，财富、声名、地位，全都是枝叶花果。我们应该怎样做呢？应该懂得厚德载物，积累自己深厚的德行。只有你这个根深，才能够叶茂。德行很厚，财富、名声、地位就自然而然地来了，你不用去追求，它们也自然而然地到了。

古人说："天道福善祸淫。"天道自然的规律，都是给善良的人带来福分，而给过分的人带来灾祸。这个"淫"，就是指对一切事情过分与放纵的意思。

要战胜自己很不简单。一般人得意时张狂忘形，失意时自暴自弃；人家看得起自己时，觉得自己很成功，落魄时，又觉得没有人比自己更倒霉。唯有不受成败得失的左右、不受生死存亡等有形无形的情况所影响，纵然身不自在，却能心得自在，这才真算战胜了自己。

第九章　先学会驾驭成功而非被成功所驾驭

先学会驾驭自己的情绪

一位哲人曾经说过：一个人的心态就是一个人真正的主人，要么你驾驭生命，要么生命驾驭你，而你的心态将决定谁是坐骑，谁是骑师。

有这样一个耐人寻味的故事。一个坏脾气的男孩，他父亲给了他一袋钉子，并且告诉他每当他发脾气的时候，就钉一根钉子在后院的围栏上。

第一天，男孩钉下了37根钉子。慢慢地，男孩每天钉的钉子减少了，他发现控制自己的脾气要比钉下那些钉子容易。有一天，男孩觉得自己再也不会失去耐性乱发脾气了，就把这件事情告诉了父亲。父亲说："从现在开始，每当能控制自己脾气的时候，你就从围栏上拔出一根钉子。"一段时间过去了，男孩告诉父亲，他终于把所有钉子都拔出来了。

父亲握着他的手，来到后院的围栏处，对他说："你做得很好，我的好孩子！但是看看围栏上的这些洞，这些围栏将永远不能恢复到从前的样子了。你生气的时候说的话，就像这些钉子一样会在他人的心中留下疤痕。就像你拿刀子捅别人一刀，不管你说了多少次对不起，那个伤口都将永远存在。话语的伤痛就像真实的伤痛一样令人无法承受。"

追梦人，世界都会为你让路

这个故事流传很广，引起了无数人的深思。所以当控制不住自己的脾气时，你就想一想这个故事吧！

从古至今，每个成功的人都有非凡的驾驭自己情绪的能量。

三国时期，诸葛亮亲自率领蜀国军队北伐曹魏，魏国将军司马懿在城中休战，对诸葛亮置之不理。他认为，当蜀军逼近时，后援的供应肯定会不足。只要拖延时间，消耗蜀军的力量，就一定能抓住机会打败敌人。

诸葛亮非常了解司马懿的沉默策略。他几次派部队到城门前去骂阵，想要惹怒魏兵，引司马懿出城决战。但是司马懿却一直按兵不动。诸葛亮于是用计，派人送司马懿一件女服，写了一封信："仲达不敢出战，跟妇女有什么两样？你若是个知耻的男儿，就出来和蜀军交战。若不然，你就穿上这件女人的衣服。"这封充满侮辱和蔑视的信虽然激怒了司马懿，但并没有使司马懿失去理性改变主意。他强压怒火稳定军队，耐心等待。

经过几个月的僵持，诸葛亮不幸因病死于军中，蜀军群龙无首，悄然退兵，司马懿不战而胜。

如果司马懿不能忍受一时的愤怒，出城迎战，那么历史也许会被改写。

情绪如同一匹烈马，如果我们不能驾驭和控制情绪，一旦情绪的烈马脱缰失控，就会带来严重的后果。现实生活中，有很多人都因为一时的矛盾，头脑发热，情绪爆发，失去理智，酿成惨祸。比如被一只苍蝇毁灭人生的路易斯·福克斯。

路易斯是1956年世界台球冠军赛夺冠呼声最高的名将。最后一场夺冠比赛时，发生了一件小事。一只苍蝇落在主球上，路易斯挥手赶走苍蝇，俯下身准备击球。但是，那只苍蝇又飞回到主球上，他只好再次起身赶走苍蝇。可当路易斯第三次准备击球时，那只苍蝇又飞回落到主球上。这时，观众席上有人不由得开始嬉笑。愤怒的路易斯挥起球杆击打苍蝇，结果球杆碰到了主球，被裁判判为击球，失去了一次机会。之后，路易斯气急败坏、方寸大乱，连连失利，以获胜的绝对优势被对手反超，失去了唾手可得的冠军。第二天早上，人们在河里发现了他的尸体。

这个悲剧就在于路易斯未能驾驭自己的情绪，被急躁、愤怒的情绪牵着鼻子走，从失误、失利到自暴自弃、失去生活的勇气，让人生输给了情绪。

所以说，驾驭自己的情绪是一种本事。正如亚里士多德所说，高兴、伤心、兴奋、惊讶、愤怒、沮丧，这些情绪都是很常见的生理和心理状态，关键看你如何驾驭。

要想降伏恶魔，必须先降伏自己内心的邪念，只有把内心的邪念祛除了，才能战胜所有恶魔；要想驾驭蛮横无理的人，必须先控制住自己的情绪，只有心定，外来一切才能不得侵入。

1. 保持乐观心态。《庄子·山木》篇中记载了这样一个故事：一个人乘船过河，到了河中心，发现有一只船要撞上来，于是勃然大怒，破口大骂，骂对方不长眼睛。等船撞过来一看，却发现对面船上没人，是个空船，于是满腔怒火瞬间消失。如果我们把那些糟心的人和事当作"空船"来对待和处理，就可以调整自己的情绪，放大自己的格局。

在现实生活中，我们难以预知自己的遭遇，生活很多时候也并不如我们想象的那么美好。漫漫人生路，有成功也有失败，有所得也有所失，对成功得失完全不在乎是难以做到的，但是过于计较、患得患失，凡事耿耿于怀、得失锱铢在心，成则轻狂，得意忘形，不可一世，败则懊丧，失望颓废，一蹶不振，负面情绪就会泛滥，心理状态就会失衡。罗曼·罗兰说过："生活中只有一种英雄主义，那就是认清生活真相后依然热爱生活。"不以物喜，不以己悲，有了"看庭前花开花落，宠辱不惊；望天外云卷云舒，去留无意"的豁达和坦然，就能驾驭自己的情绪，"以清静心看世界，以欢喜心过生活，以平常心生情味，以柔软心除挂碍"。

2.学会换位思考。任何事物都有两面性，没有绝对化。一个人自我意识、自尊心太强，别人稍有异议和冒犯，立马反弹，情绪激动，这就需要放下"自我"，换位思考，设身处地地从对方的角度考虑、理解和宽宥。学会"心理换位"，就能遇事冷静，心态平和。和颜悦色肯定会比声色俱厉让人心悦，摆事实讲道理总会比歇斯底里让人信服，宽容和谅解一定会比伤害和侮辱更让人诚服。换个角度观察，站在对方的立场上思考，执着焦虑的情绪就会被理性乐观的情绪所替代，化烦恼为喜悦，化阴霾为阳光，在"山重水复疑无路"时进入"柳暗花明又一村"的境界。

学会换位思考是一种智慧。转换角度思维，不仅能够提醒自己审时度势，与他人进行心灵的对话，同时还能帮助我们及时觉察自身的缺陷和不足，以乐观和感恩的心态求助于他人及社会资源，不断健全和完善自己，使自己真正成为情绪的主人，在"知行合一"中克制愤怒情绪,摆脱消极情绪,克服紧张情绪,避免急躁情绪,顾及他人情绪,从而让负面情绪淡化和消化在自我调节之中。

3. 合理宣泄情绪。一个人对情绪的驾驭力,是他对自己情绪的意识水平和管理能力的体现。负面情绪宜疏不宜堵,如果不能正确合理地寻找"出口",加以宣泄,累积久了就会以极端方式爆发出来,所以要张弛有度,驾驭有方。

驾驭自己才能驾驭别人

一个人如果想要驾驭命运,就要先学会驾驭自己,要驾驭别人,也要先学会驾驭自己。而驾驭自己并不是一时半会儿就能实现的,需要我们不断地改进自己,完善自己,让自己变得更美好。那么,一个人该怎么做才能完全驾驭自己呢?

一是认识自己。要驾驭自己,首先要认识自己,了解自己。

不过,认识自己虽重要,但并不容易。有人问苏格拉底:"世上何事最难?"他回答:"认识你自己。"毕竟,当局者迷,旁观者清,不管你认为自己多么聪明,都很难超越自身的局限。

有人说:一个人认识自己的过程是艰难而又曲折的,只有闯过了人生的重重迷宫,才能找到自己,认识自己。先不说了解别人有多么困难,单说真正彻底地了解自己,就是一件很不容易的事。

认识自己先要正确地认识到自己的长处,这关系到是否能够做出正确选择和确立自信心。认识自己最难的还在于认识自己的短处。大多数人都习惯于自以为是，不愿意否定自己，看不到存在的缺点和不足。

有这么一个寓言故事，可以给我们以启迪。

森林中，动物们正在举办一年一度关于比"大"的比赛。

老牛走上台来，动物们高呼："大。"

大象登场表演，动物也欢呼："真大。"

这时，台下角落里的一只青蛙气坏了。难道我不大吗？它一下子跳上一块巨石，拼命鼓起肚皮，同时神采飞扬地高声问道："我大吗？"

"不大。"台下传来的是一片嘲讽的笑声。

青蛙很不服气，继续鼓着肚皮。随着"嘭"的一声，肚皮鼓破了。可怜的青蛙，到死也还不知道它到底有多大。

二是承认错误和无知。每个人都会犯错，一旦我们不小心犯错了，就要敢于正视错误，承认错误，而不是想方设法地为自己遮掩。

比如，当和别人发生冲突的时候，我们很难站在客观的立场上审视彼此的对错，而只会站在自己的立场上，认为自己是正确的，是好人，而偏执地认为和自己对立的都是坏人。其实对方可能也是这样看你的。这是一个很普遍的现象：大多数人都不认为自己是坏人，即使自己做出非常邪恶的行为，他们也会为自己找借口，或者下意识地把责任推给别人，而从来不觉得自己有什么错误。这就是"自我宽恕定律"。很多人都怀有主观的偏见,觉得自己不管犯多大的错都是可以原谅的,而别人犯一丁点儿错就应该受到重重的处罚。

其实,我们应该多多学习宽容和体谅他人的能力。古人说:以责人之心责己,以恕己之心恕人。意思是,用苛求别人的心理来要求自己,用宽恕原谅自己的心理去宽恕谅解别人。对自己过于放纵,只能让自己的惰性越来越大,错误越犯越多。而对别人过于苛刻,只能徒增麻烦和烦恼,让自己越来越不招别人喜欢。所以,面对自我时,要戴上眼镜仔细瞧毛病;面对别人时,要摘掉眼镜使劲想优点。

承认自己的无知也很重要。有人说,人的知识就像一个圈,圈内是我们知道的,圈外是我们不知道的。知识之圈再大,比起圈外的无知来,也要渺小得多。所以很多求知者都会感慨地说,我越是学习,越感到自己无知。因为自知无知的人,能真正认清自己的局限,从而明白要想过自己渴望的生活需要付出什么,以及需要避免什么。

三是珍惜拥有。有的时候,我们看不到自己拥有的,不晓得去珍惜自己拥有的,而只盯住别人手里的好牌,这样的我们其实是太过于奢求了,很容易就会引发贪念。一旦贪念产生,人生就有可能会走上歧途。因此,要学会珍惜当下,珍惜眼前人,珍惜手头拥有的一切。

事实上,人们总是对所拥有的东西视而不见,直到失去之后才懂得那些东西的重要和可贵。从现在开始，从此时此刻开始，珍惜自己拥有的一切吧，好好感受身边的一切，感受大自然的神奇，感受亲人朋友的关爱，我们会觉得自己真的已经很幸福了。

俗话说：知足常乐。这是前人的智慧结晶。对于每个人而言，只有珍惜自己拥有的，才能感觉到快乐和幸福。

四是不要迷失。一个人一旦迷失了自己，被繁华的世界迷住了双眼，那么很有可能会沉沦在这个喧嚣的世界里而无法自拔。人若是不懂得自己挽救自己，而是越陷越深，那么就很难给自己开辟一条坦途走下去。

有道是，不忘初心，方得始终。在这个时代，初心常常被我们遗忘，"我们已经走得太远，以至于忘记了为什么出发"。因为忘记了初心，我们走得十分茫然，多了许多柴米油盐的奔波，少了许多仰望星空的浪漫；因为忘记了初心，我们已经不知道为什么来，要到哪里去；因为忘记了初心，时光荏苒之后，我们常常因为懊恼而情不自禁地忏悔：假如当初我不随意放弃，要是我愿意刻苦，要是我有恒心和毅力，一定不会是眼前的样子。

人生只有一次，生命无法重来，要记得自己的初心。经常回头望一下自己的来路，回忆起当初为什么启程；经常让自己回到起点，给自己鼓足从头开始的勇气；经常纯净自己的内心，给自己一双澄澈的眼睛。不忘初心，才会找对人生的方向，才会坚定我们的追求，抵达自己的初衷。

五是保有平常心。平日里我们总会遇到各种难题，一旦无法解决这些问题,我们就会承受很大的压力,甚至感到恐惧。其实,我们只要用一颗平常心去应对,灵活多变地去处理各种危机,就一定能够如同流水遇到顽石那样,开辟出一条新的道路往前奔走。

通常来讲,平常心讲究的是一种心境和淡然的心态。著名棋手林海峰先生曾言:平常心说起容易,做时难。如果一个棋手在平时就养成这样的意识,每盘棋不计较输赢,而是考虑如何将棋下得更好,就拥有了平常心。

杨绛先生临近百岁高龄时写道:"人生最曼妙的风景,竟是内心的淡定和从容。"是的,这是学贯中西的睿智老人,阅历百年人生岁月时保有一颗平常心的深刻感悟,实在是无价的人生经验。

当然,保有平常心并不像喝碗心灵鸡汤那样简单和快捷,它切实需要知识的积淀,阅历的冲刷,挫折的教育,个体的醒悟,成功和失败经验的不断总结。毫无疑问,平常心是个体历经修炼后人性光辉的闪耀和心理正能量的内存和释放。只有保有平常心,人们才会达到不以物喜、不以己悲的人生境界,洞悉人性光辉和灰暗误区的奥秘。

第九章 先学会驾驭成功而非被成功所驾驭

要拥有财富，先学会驾驭财富

想要拥有财富，先要有驾驭财富的能力，否则很容易被财富所驾驭，甚至遭到财富的碾压。

人作为高级动物，与生俱来就拥有获取财富的基因与潜质，只要时机对了，人对了，赚钱是轻而易举的事。和赚钱相比，驾驭财富却非常难，因为人性本贪，人在财富面前，欲望会无限放大，这种贪欲会让我们迷失了方向，而忽视了客观规律。

当你忽视客观规律时，对发生的一切变化都会视若无睹，自然而然会面临巨大的损失，而这种损失，会迅速破坏你的心理防御机制，让你措手不及。

所以，这时候损失的财富并非你最大的损失，而你认知世界的心态发生了糟糕的变化，才是你最大的损失。这种负面消极的心态会毁了你往后余生的财富，让你再也不敢相信，不敢尝试，从而成为一个安于现状、不愿改变的普通人。从此，富人的通道里，不再有你。

所以，拥有驾驭财富的能力，比拥有获取财富的能力重要100倍。

虽然实现财务自由和钱有关，但你如果只盯着钱本身，就无法实现财务自由。就像有的人辛辛苦苦勤勤恳恳一辈子，都是在为钱而奔波,但却并没有因此而走上财务自由之路。

很多时候,问题的答案并不是从问题本身就能够找到的,就像我们知道,实现财务自由和钱有关,但并不是说我们拼命挣钱就能够实现财务自由,也不是拥有一大笔财富,就能够实现财务自由。

生活中经常会有这样的事情发生。某地村民因为城市发展,宅基地被开发商征购,补偿了上百万费用,结果不到一年,这些钱就被挥霍掉了。由此可见,能否实现财务自由,并不单单是钱的问题。一个人如果没有驾驭财富的能力,纵使拥有 500 万元、1000 万元,也是会很快散尽的。

你想成为什么样的人,想过什么样的生活,现在就要按照你想的样子规划自己的人生,通过不断学习,不断放大格局,开拓视野。归根结底,格局和视野的高度,将决定你未来是否有可能实现财务自由。

观念决定了思维方式,思维方式决定了行为模式,最终行为模式决定了你的人生格局和定位,所以要想真正实现财务自由,切勿在固有的观念中日复一日地进行死循环。大家试想一下,如果固执己见,坚持思维定式有用,我们似乎应该早已实现财务自由了,对吧?可是事实并非如此。

顽固陈旧的思维模式束缚着我们的观念,而观念的更新对于我们来说至关重要,犹如手机、电脑要经常杀毒清理内存,进行系统升级,直接决定了系统能否正常、高效地运行,观念更新也决定了我们的人生发展。但是,对于人而言,改变已经形成的观念并非易事,不像电脑程序那样可以一键升级。

对于每个人而言，观念的转变都是一个抽丝剥茧、层层深入的过程，过程虽然有些漫长，但每走一步都是一个新的里程碑，而这一个个的里程碑，都将为我们实现财务自由、人生自由打下坚实的基础。在此基础上，我们的每一次出发都站在了更高的起点上，人生的格局也因此被放大了。与此同时，驾驭财富的能力也在此过程中逐渐修炼成熟了。